A travéz de LA ORACIÓN

PASTORA LOIDA TEJERA

Secretos de la Oración
por Loida Tejera
Primera Edición © 2026 Loida Tejera

Santo Domingo, República Dominicana

ISBN: 978-9945-519-57-0

Diseño de portada por: Abigail Gúzman
Edición y diagramación por: Editorial Olam

Impreso por: Editorial Olam
Santo Domingo, República Dominicana

Contactos de Autora:

Instagram: pastora_loidatejera

Email:pastoraloidatejera@gmail.com

Categoría: Vida Cristiana

CONTENIDO

DEDICATORIA

Toda obra que realizamos tiene un origen, una motivación y un impulso inicial que no siempre se ve, pero que proviene de aquellas personas que, a través de su influencia, la hacen posible.

Es por eso que dedico este material a la persona del Espíritu Santo, con quien más he conversado y compartido a lo largo de mi vida:

Amigo, Consejero, Consolador, mi amado Maestro y compañero en cada jornada, tanto en los momentos altos como en los bajos.

Me maravilla saber que, aun conociendo mis debilidades, permanece siempre conmigo.

AGRADECIMIENTO

A mis amados padres, hoy en la presencia del Señor, por haberme instruido en Sus caminos desde mi infancia.

A mi padre, Pedro Julio Tejera, cuya capacidad y mentalidad, adelantadas a su tiempo, aún nos asombran.

Y a mi amada madre, Pastora Mirian Robles, de quien aprendí que todo lo que necesitaba en la vida debía conversarlo con el Padre celestial. Desde niña vi en ella a una mujer de oración diaria y constante; pero, sobre todo, comprobé, a través de su vida, los resultados y beneficios de orar, así como su profunda pasión por el Señor.

A mis amados hermanos, todos pastores y ministros: Francia, Pedro Julio, Rebeca y Ruth, quienes han fortalecido mi fe, me han apoyado, confrontado y bendecido mi vida cada día.

A mi esposo, Pastor Florentino Silverio, a quien también dedico este logro, porque durante años me ha impulsado a crecer, avanzar y desarrollarme con sus famosas palabras: «¡tú puedes dar más!». No podría haber alcanzado nada de esto sin su ayuda; ha corregido mis escritos una y otra vez, siempre con la disposición de llevarme un paso adelante.

A mis hijos: Mirian Loalki, Gabriel, Abigail y Gamaliel, siempre dispuestos a dar la milla extra. Que comprendan el poder y la bendición de la oración, y que la tengan como su principal recurso en sus vidas.

Doy gracias al Señor por la ayuda de personas que me impulsaron durante este proceso: Marilin Medina, una colaboradora apasionada; Gilbert Ubiera, por ser de ayuda y bendición; la pastora Ana María Vientos, por su apoyo y motivación; Yuli García y su esposo Julio César; mi querido Dr. Luis Olivares, por leer y corregir cada párrafo a pesar de su agenda ocupada; y Gabriel, quien transcribió una y otra vez con paciencia, así como Abigail, quien siempre aporta ideas nuevas y está dispuesta en todo lo que es útil.

A mi amada congregación, por ser de tanta bendición para mi vida, y a todos aquellos que siempre me preguntaban por el siguiente libro; ustedes me inspiraban a continuar.

Gracias, Señor Jesucristo. A Ti dedico este libro, en gratitud por Tu amor y misericordia en mi vida.

¿POR QUÉ ESCRIBÍ ESTE LIBRO?

Desde el principio, el anhelo del corazón del Padre ha sido tener comunión con el hombre. La oración no nació en una estructura religiosa ni en una iglesia; nació en el Edén, cuando Dios y el hombre conversaban cada día. Sin embargo, como sabemos, esa comunión se vio quebrada por la entrada del pecado en el mundo.

Pero Dios, en su infinito amor y misericordia, nos proveyó una vía para volver a conectar con Él: la oración.

Esta es la principal fuente de intimidad entre Dios y nosotros, con el objetivo de tener comunicación directa para conocer sus revelaciones y secretos. Sin embargo, al observar la iglesia de hoy día, he notado una realidad muy triste: se ha ido perdiendo ese grandioso privilegio, ese acceso especial ante el trono de la gracia, y está siendo sustituido por prácticas que, aunque parecen espirituales, no son intimidad.

Este libro nació de una urgencia espiritual que llevo en el corazón hace tiempo. Fue tomando forma a través de un seminario sobre la oración que enseñé durante varias semanas en la radio. Pude ver cómo el Espíritu Santo utilizaba estas enseñanzas para confrontar y restaurar la vida espiritual de muchos oyentes, llevándolos de una fe inestable a una relación de intimidad y poder.

Ahí comprendí que, lamentablemente, muchos estaban viviendo un **"evangelio reciclado"**. Se conforman con cantar alabanzas, escuchar a otros orar o repetir revelaciones que otros recibieron; buscan con desesperación una palabra profética porque no tienen comunión íntima con el Espíritu Santo y, por lo tanto, no reciben directamente de Él. Se han vuelto dependientes de la ministración ajena y han perdido la capacidad de intimar con Dios por sí mismos.

A través de los testimonios de los oyentes, el Señor me confirmó que este mensaje necesitaba llegar a más personas, porque la tierra gime esperando que nuestro entendimiento sea abierto para romper las ligaduras que nos atan.

En este libro descubriremos cómo la oración es la llave para:

- La oración es la fuente del poder de Dios en la tierra.
- La oración revela nuestra verdadera identidad en Dios.
- La oración nos permite discernir el tiempo de Dios.
- La oración sana el alma angustiada y trae paz al corazón.
- La oración activa nuestra autoridad espiritual.

Mi intención no es colocarte una carga o presión para mejorar tu vida de oración, porque la oración no es algo pesado, sino un deleite y una respuesta de amor ante la gracia divina del Padre.

He aprendido que el que deja de orar, deja de escuchar; y el que deja de escuchar, deja de obedecer, perdiendo así su herencia y autoridad espiritual. La idea central de este libro es sencilla: si el creyente entendiera los beneficios que se obtienen al orar, buscaría la oración con mucho más anhelo. Por eso, a través de estas páginas, quiero mostrarte que la oración no es un sacrificio pesado, sino el acceso legal a los beneficios del cielo.

PRÓLOGO

INDICACIONES SOBRE CÓMO ORAR

Cuán importante es enfocar brevemente algunos de los inconvenientes a los que nos tenemos que enfrentar los cristianos relacionados a temas de oración, y que debemos vencer si queremos que nuestros tiempos de intercesión sean realmente más productivos.

Sé que a usted, como a todos, nos ha pasado que muchas veces no vemos muchos frutos de nuestras oraciones, algo que se produce porque muchas veces no sabemos **CÓMO ORAR.** ***Recordemos que el apóstol Santiago dijo: "No reciben porque piden mal" (Santiago 4:3)***. Y es porque oramos sin buscar primero la dirección del Espíritu Santo; eso es común en muchos cristianos y forma parte del problema.

Recordemos que los discípulos de Jesús no sabían cómo orar y le hicieron esa petición a Jesús, quien los guio en base al "Padre nuestro" como oración modelo. Pero ellos tenían una ventaja y, a la vez, una desventaja en relación a nosotros: los apóstoles tenían a Jesús al lado, quien los instruía, pero no había venido sobre ellos el Espíritu Santo hasta Hechos, capítulo 2; por eso se les ve dudando demasiado y pidiendo cosas absurdas durante los más de tres años que estuvieron siguiendo al Señor. Sin embargo, cuando fueron investidos con el Espíritu Santo, sus motivaciones y convicciones fueron cambiadas. Se produjo un antes y un después en sus vidas, tal y como Jesús les dijo que iba a suceder (Juan 16:13-15).

Nosotros también tenemos esa misma debilidad. Muchos de nosotros no sabemos cómo orar de forma correcta y adecuada. Pero, gracias al Señor Jesucristo, contamos con la ayuda y la presencia del Espíritu Santo en nuestras vidas. Pero aun así, no siempre le damos libertad para actuar en nosotros. Al Espíritu Santo debemos dejarlo actuar en todas las áreas de nuestras vidas, sobre todo conociendo que, al igual que los discípulos de Jesús, no sabemos orar de forma correcta y adecuada.

"Y de igual manera el Espíritu nos ayuda en nuestra debilidad; pues qué hemos de pedir como conviene, no lo sabemos, pero el Espíritu mismo intercede por nosotros con gemidos indecibles". (Romanos 8:26).

Tenemos que recibir esa información y calificarla de excelente noticia. El Espíritu Santo está de nuestro lado, pues nos enseña cómo orar.

Y es aquí donde está el secreto de una oración poderosa: **DEBEMOS ORAR EN EL ESPÍRITU Y CON EL ESPÍRITU.**

¡Así es! En mi vida, comprender esta verdad le dio el verdadero sentido a mis oraciones. Hay dos versos bíblicos que nos dan esas pautas clave:

El primero es **Efesios 6:18:** ***"Orando en todo tiempo con toda oración y súplica en el Espíritu, y velando en ello con toda perseverancia y súplica por todos los santos".***

Mientras que el segundo verso es **Judas 1:20-21:** ***"Pero vosotros, amados, edificándoos sobre vuestra santísima fe, orando en el Espíritu, conservaos en el amor de Dios, esperando la misericordia de nuestro Señor Jesucristo para vida eterna".***

EL SECRETO DEL ÉXITO AL ORAR ESTÁ EN ESTAS TRES PALABRAS: EN EL ESPÍRITU.

¿Por qué? Porque no es lo mismo orar impulsados por actitudes incorrectas y malos deseos que siendo dirigidos por el Señor. Es muy superior orar siendo inspirados por el Espíritu Santo. Dios Padre responde todas las oraciones que Dios Espíritu inspira. La oración **EN EL ESPÍRITU** es la oración que el Espíritu Santo inspira y dirige.

Al entrar en la presencia de Dios en oración, debemos reconocer nuestras incapacidades de no saber cómo orar y de no saber cómo bloquear los apetitos de la carne. Es por eso que nuestro aliado por excelencia debe dirigir tanto nuestros deseos como nuestras palabras al orar.

Esto es una aplicación relacionada con las profundas palabras de Pablo: ***"Ya no vivo yo, mas vive Cristo en mí". (Gálatas 2:20).***

Es cuando Dios nos da vida que podemos invocarlo. Recordemos estas palabras muy realistas: ***"Así no nos apartaremos de ti; vida nos darás, e invocaremos tu nombre". (Salmos 80:18).***

LA ORACIÓN PODEROSA ESTÁ LIGADA AL DESPERTAR DEL ESPÍRITU EN NOSOTROS

Precisamente, al saber que antes de nacer de nuevo estábamos muertos o separados de Dios por el dominio del pecado y de los frutos de la carne en nuestras vidas, debemos permitirle al Espíritu que nos avive. Sin la vida del Espíritu Santo fluyendo en nuestro interior, nunca podremos glorificar al Señor con nuestras oraciones.

Debemos asegurarnos de que, en nuestros tiempos de oración, no pidamos lo primero que nos llegue a la mente. Más bien, dediquemos un tiempo para solo ADORAR Y ESPERAR. Una espera silenciosa para que nuestro Consolador revele la pauta que el Espíritu haya establecido para nosotros. Para que podamos decir que estamos siendo dirigidos por el Señor, debemos permitir que nos hable.

"Encomienda a Jehová tu camino, espera en él y él hará". (Salmos 37:5).

BENEFICIOS DE ESPERAR

Esperar en su presencia debilitará nuestra carne y fortalecerá nuestro espíritu. Además, servirá para apagar las voces dañinas que nos hayan estado hablando, nos permitirá entrar en lo sobrenatural y nos preparará para oír la voz de Dios.

Esa actitud humilde de nuestros corazones nos inclinará a orar por las cosas correctas y de la forma correcta, y le permitirá al Espíritu Santo gobernar nuestros deseos y poner en nuestros labios las expresiones que él quiera poner para gloria de Dios. Y todo esto va a servir a nuestro favor en nuestras oraciones y toma de decisiones.

Pastor Juan Carlos Harrigan

PREFACIO

Era una noche oscura y silenciosa en el Jardín de Getsemaní. El aire estaba cargado de una tensión palpable, presagio de los acontecimientos que estaban por desatarse. Jesús, consciente de que su hora había llegado, sentía el peso de la realidad que tendría que enfrentar. Después de celebrar la última cena con sus discípulos, los llevó a este lugar tranquilo, alejado del bullicio de Jerusalén, buscando un momento de oración y preparación para lo que se avecinaba.

Se llevó consigo a Pedro y a los hijos de Zebedeo, Santiago y Juan, y comenzó a afligirse y angustiarse.

—Mi alma está profundamente triste, hasta la muerte. Quédense aquí y velen conmigo —les pidió, con una voz cargada de urgencia y ternura.

Jesús sabía que lo que estaba por venir sería difícil, no solo para Él, sino también para aquellos que le habían seguido fielmente. En un acto de absoluta entrega, levantó sus ojos al cielo y comenzó a orar:

«Padre mío, si es posible, pasa de mí esta copa; pero no sea como yo quiero, sino como Tú quieres»

La agonía que experimentaba en ese momento era tan intensa que su sudor se volvió como gotas de sangre que caían a la tierra. Después de un tiempo clamando al Padre, Jesús se levantó y regresó a donde estaban sus discípulos, quizás esperando encontrar consuelo y apoyo en ellos. Sin embargo, los encontró dormidos.

—¿No han podido velar conmigo ni siquiera una hora? —les dijo con tristeza, y quizás con un toque de decepción, dirigiéndose a Pedro y a los demás que despertaron al oír sus pasos—. Velen y oren, para que no entren en tentación; el espíritu, a la verdad, está dispuesto, pero la carne es débil.

Luego de estas palabras, Jesús volvió a retirarse a orar, con su corazón aún más afligido. Dos veces más regresó, y nuevamente encontró a sus discípulos dormidos; sus cuerpos parecían vencidos por el cansancio del día.

En ese momento de vulnerabilidad en la vida del Maestro, se pueden observar dos verdades poderosas:

Primero, la importancia de la oración, no solo como un acto de devoción personal o una costumbre, sino como una fuente de fortaleza en medio de la angustia.

Y, por otro lado, nuestra constante lucha contra la debilidad de la carne, que busca doblegarnos e impedirnos permanecer firmes, vencer la tentación y decidir orar.

INTRODUCCIÓN

Al pensar en hablar sobre la oración, mi mente regresa a aquellos años de mi infancia, donde la vida de nuestra familia giraba en torno a ella. Mi madre nos criaba sola la mayor parte del tiempo, y hubo etapas de escasez y necesidad económica, siendo cinco hijos en crecimiento.

Aun así, mi madre nos enseñó a orar en todo momento: por las mañanas, para dar gracias por un nuevo día; en las comidas, por la provisión; al salir y al llegar a casa, por el cuidado en el camino; y, sobre todo, en las noches antes de dormir, para que el ángel del Señor nos guardara mientras descansábamos.

Pero no solo eso. También orábamos por cada necesidad: salud, útiles escolares, comida, paseos de la iglesia o de la escuela... En fin, todo lo que ocurría era motivo para que mi mamá nos dijera: "Habla con tu Padre celestial, y Él te lo dará si es Su voluntad".

La oración era el centro de todo. Así que, desde niña, vi a mi Padre celestial suplir cosas de manera sobrenatural, cosas que yo sabía que solo podían ser milagros.

Recuerdo haber pedido útiles escolares nuevos. En ese tiempo, los cuadernos, lápices y demás materiales solían ser los que ya habían usado mis hermanos mayores o algún primo, para luego nosotros pasarlos a los más pequeños.

Pero aquella vez pedí un gran milagro: quería mis propios cuadernos, lápices de colores, zapatos escolares... cosas que hoy muchos niños no entenderían, pero que para mí eran muy importantes. Se lo pedí a mi Padre celestial.

Y el Señor respondió. A través de mi padrino, quien cada año me enviaba algo, esa vez llegó exactamente con todo lo que yo había pedido.

Sí, sabía que la oración tenía poder y que era importante. Sin embargo, tenía un problema: no lograba conectar con ella. Sabía que la necesitaba, pero no encontraba pasión por orar, a pesar de ver sus respuestas y resultados.

Escuchaba a las hermanas mayores en la iglesia decir que pasaban horas de rodillas hablando con Dios, y en mi mente pensaba: ¿cómo se logra eso? Yo, por más que me esforzaba, no conseguía orar ni siquiera una hora; casi siempre terminaba durmiéndome o pensando en cualquier otra cosa, muy lejos de la oración.

Con el tiempo entendí que este problema no era solo mío. Hoy en día, muchos creyentes saben que deben orar, pero no encuentran deleite en hacerlo.

He escuchado a muchos llamarla "la disciplina de la oración", y aunque es cierto que es una de las primeras disciplinas del creyente, debe ser más que una tarea en nuestra lista diaria. La oración no debe ser una obligación, sino el deleite de nuestra vida.

Toda relación se basa en la comunicación y la comunión constante. Tal vez por no entender esto, muchos han reducido la oración a simplemente "hablar con Dios".

Pero si solo hablamos sin escuchar, no hay verdadera comunión. No es una conversación, sino un monólogo. Decimos todo lo que necesitamos y luego seguimos con nuestras vidas, como si fuera una tarea más, en lugar de una intimidad con el Amado.

Por eso decidí profundizar en este tema. Porque muchos aún no han descubierto la bendición de una vida de intimidad con el Espíritu Santo, a través de pasar tiempo no solo hablando, sino también escuchando Su voz.

No se trata de cuántas horas pasamos de rodillas, haciendo un gran esfuerzo para que Dios vea nuestra disciplina, sino de cuánto disfrutamos estar en Su presencia.

Como dijo David:

"Me mostrarás la senda de la vida; en tu presencia hay plenitud de gozo; delicias a tu diestra para siempre." (Salmos 16:11)

... (Salmos 17:15)

Si ustedes creen, todo lo que pidan en oración lo recibirán.

MATEO 21:22

PARTE I

Fundamentos De La Oración

1

¿QUÉ ES REALMENTE LA ORACIÓN?

Desde el principio, el corazón del Padre tuvo un anhelo: tener comunión con el hombre. Cuando Dios formó al ser humano, no solo le dio vida física, sino que sopló en él su propio espíritu.

"Entonces Jehová Dios formó al hombre del polvo de la tierra, y sopló en su nariz aliento de vida; y fue el hombre un ser viviente." (Génesis 2:7)

Este acto reveló algo glorioso: mientras toda la creación funcionaba con solo ser creada, el hombre no podía hacerlo sin la presencia del espíritu del Creador. Adán no fue solo un cuerpo con movimiento; fue un espíritu en sintonía con el Espíritu Eterno.

Por eso, la oración no nació entre cuatro paredes de una iglesia ni fue inventada por ninguna institución religiosa. Nació en el Edén, cuando Dios y el hombre conversaban día a día, en una comunión íntima, sin rituales ni intermediarios, sino en una comunicación directa de Padre a hijo; pues como dice la Escritura: ***"Porque todos los que son guiados por el Espíritu de Dios, éstos son hijos de Dios." (Romanos 8:14).***

Desde el principio, el propósito del Padre fue que existiera una comunicación con sus hijos de espíritu a Espíritu. Y esa conexión no se mantiene sí sola: sino que se alimenta, se cultiva y se sostiene solo a través de la oración.

MÁS ALLÁ DE LAS PALABRAS

Desde pequeños nos enseñaron que orar es **"hablar con Dios"**. Sin embargo, la oración es mucho más que simplemente decir algunas palabras. Muchas personas creen que están orando solo porque comparten sus peticiones o repiten frases con palabras bonitas, pero eso no significa que exista una verdadera comunicación.

La verdadera oración se parece más a una conversación que a un simple discurso repetido. Conversar implica participación activa de ambas partes: escuchar, responder e intercambiar.

Por eso, la oración no es solo un monólogo dirigido al cielo, sino aceptar el ofrecimiento del cielo de estar en comunión con su Espíritu. Es el encuentro donde lo natural hace silencio y lo eterno comienza a hablar. La oración es el punto donde la voluntad del hombre se alinea con la del Padre, y donde el corazón humano vuelve a latir al ritmo del cielo.

Cuando el Espíritu Santo toca nuestro espíritu, se produce un diálogo celestial. No se trata de repetir frases aprendidas ni de cumplir un rito religioso; se trata de respirar la atmósfera del cielo. Dios nos diseñó con su imagen y semejanza: sabiduría, inteligencia, conciencia y creatividad. Pero esas facultades solo alcanzan su plenitud cuando permanecemos conectados con Él.

La Escritura nos recuerda esta necesidad constante de permanecer en Dios. Jesús lo expresó claramente cuando dijo: ***"Yo soy la vid, vosotros los pámpanos; el que permanece en mí, y yo en él, éste lleva mucho fruto; porque separados de mí nada podéis hacer." (Juan 15:5)***

Nuestra vida espiritual, nuestro fruto y aun nuestras capacidades encuentran su verdadero sentido cuando permanecemos unidos a Él. De la misma manera, el apóstol Pablo afirmó: ***"Porque en él vivimos, y nos movemos, y somos." (Hechos 17:28)***

Esto nos recuerda que nuestra existencia depende de Dios, y que solo cuando permanecemos conectados a Él podemos experimentar la plenitud para la cual fuimos creados. En el Edén, Dios y el hombre era uno, conversaban sin interrupciones. Esa era la oración perfecta: sin protocolos, sin repeticiones, sin intermediarios.

Cuando Adán y Eva desobedecieron y el pecado entró en el mundo, la comunicación continua con el Creador fue quebrada. Por eso Dios le preguntó a Adán: **"¿Dónde estás?"**. No es que Dios no supiera, sino que quería que Adán reconociera la condición espiritual en la que se encontraba por su desobediencia. No era una pregunta de ubicación, era una invitación al autoanálisis. Y esa misma pregunta Dios nos la hace hoy en relación a nuestra comunión con Él, porque Dios no se alejó; somos nosotros quienes nos hemos ido desconectando de la fuente.

Desde entonces, el Padre ha buscado restaurar esa comunión quebrantada. Cada vez que oramos con sinceridad, estamos respondiendo al mismo llamado del Edén: **"¿Dónde estás?".** Orar es regresar al diseño original. Es volver al lugar donde la voz de Dios y la voz del hombre se encuentran.

ORAR NO ES UN SACRIFICIO, ES UN DELEITE

Recuerdo muy bien un domingo en la escuela dominical cuando se armó una discusión fuerte y un debate bíblico intenso. Aunque era solo una niña, yo prestaba atención a lo que decían los adultos, sobre todo porque yo misma estaba intentando aprender de este tema. Pues me encontraba luchando entre las ganas que tenía de orar y la falta de ganas de hacerlo.

El debate empezó porque un joven dijo que un creyente podía vivir sin orar. Él decía que en la iglesia se exageraba con esta disciplina, y que había otras cosas espirituales (como cantar alabanzas, escuchar predicaciones, leer libros que edifican o hablar de la Biblia en grupo), eran igual más necesario que la oración para fortalecer la fe. Afirmaba que con eso bastaba para mantenerse firme espiritualmente, y que no hacía falta tener una vida de oración constante.

Como era de esperarse, lo que dijo causó un gran revuelo. Muchos se ofendieron y lo juzgaron. Algunos, con poca misericordia, le dijeron que era un **“impío”** y un **“carnal”**, otros hasta sugirieron que tenía que **"volver a arrepentirse"**.

Hoy, al recordar ese momento, me da mucha tristeza ver que, aunque aquel hermano no tenía la razón —y como muchos sospecharon, años después terminó apartándose de la fe—, lo que él pensaba es la realidad de muchísimos cristianos hoy en día. Muchos dicen ser hijos de Dios, pero viven sin una comunicación íntima con Él. Basan su vida espiritual solo en escuchar música cristiana, ir al culto los domingos y participar en actividades, pero no se han detenido a experimentar el verdadero poder transformador de la oración.

Durante años, nos han enseñado que orar cuesta, que es un esfuerzo, un deber o un sacrificio. Pero la oración Dios no la creó para ser una carga, sino un deleite. No es una obligación; es una respuesta de amor. Por eso no debemos verlo como algo obligatorio en nuestra rutina, sino como la oportunidad de conectar con nuestro Creador. Jesús dijo:

"Venid a mí todos los que estáis trabajados y cargados, y yo os haré descansar." (Mateo 11:28)

El descanso que Jesús prometió solo se obtiene a través de la oración. Cuando nos conectamos con su presencia, nuestra alma se alimenta, nuestra mente se calma y nuestro espíritu se renueva. La verdadera oración no te cansa, sino que te fortalece y te llena de vida.

LO QUE LA ORACIÓN NO ES

Mucha gente no logra ser constante en su vida de oración porque, la verdad, nadie les enseñó cómo. Hay mucha confusión y a veces la iglesia se enfoca tanto en las profecías, la unción y los milagros, que deja a un lado lo más valioso: una vida de oración real y constante.

Hoy vemos a muchos creyentes cambiando la oración por cosas que solo parecen espirituales. Por eso vemos gente atando y desatando, reprendiendo o hablando en lenguas sin sentido, creyendo que eso es orar bien. Por eso, antes de decir qué es orar, hay que aclarar lo que no es y señalar esos errores que no dejan que el pueblo de Dios tenga comunión con el Padre.

- **La oración no es escuchar música cristiana:**

  La música cristiana puede ayudarnos a crear una atmósfera de adoración, y eso tiene valor. Pero no reemplaza la oración. Muchas veces nos envolvemos tanto en las canciones que dejamos de buscar esa comunión directa con Dios. La oración verdadera no depende de la música. Con o sin ella, puedes hablar con Dios.

- **La oración no es estar en un grupo donde otros oran y tú solo escuchas:**

Participar en grupos de oración es bueno, puedes oír lo que otros dicen, sentir el ambiente y hasta emocionarte, pero si estás presente sin conectarte personalmente con Dios, no estás orando, estás observando. La oración es una relación directa entre tú y Dios. No es un evento que se observa, es una relación que se vive.

- **La oración no es leer libros o devocionales:**

Los libros y devocionales son herramientas valiosas para crecer. Pero no reemplazan la oración. Leer sobre Dios no es lo mismo que hablarle a Él. La oración es un diálogo personal donde tu corazón está en sintonía directa con el Espíritu Santo, no guiado por lo que otro escribió.

- **La oración no es ser ministrado:**

Ser ministrado puede ser una bendición, pero no sustituye la oración. Cuando otros te ministran, recibes de ellos. La oración, en cambio, es cuando tú mismo te acercas al Señor, en intimidad, sin intermediarios, y recibes directamente lo que Él tiene para ti.

- **NO es recibir palabras proféticas**

Hay creyentes que viven de profecía en profecía, corriendo detrás de ungidos porque no han descubierto que Aquel que le habla al profeta también puede hablarles a ellos. Es fácil caer en esa trampa, depender de las palabras de líderes espirituales en lugar de cultivar una relación directa con el Espíritu Santo. Pero esa dependencia, por más espiritual que parezca, nunca podrá reemplazar lo que solo nace del encuentro personal con Dios.

LA NECESIDAD DE UN ENCUENTRO REAL

Como ves, estas cosas no son malas, pero si las usamos de manera incorrecta nos alejan del encuentro verdadero. La oración real pasa cuando el hijo se rinde ante el Padre y escucha su voz por sí mismo.

Un pueblo que solo ora cuando alguien más lo guía o cuando siente una emoción, ha perdido la esencia de la intimidad con Dios.

Recuerdo una ocasión en que me invitaron a compartir la palabra en un grupo que se reunía a las 5:00 de la mañana por Zoom. Fui con mucho entusiasmo porque se conectaban más de cien personas clamando por un avivamiento. Pero al entrar, noté muchas distracciones: saludos, gente conversando de otras cosas, risas, otros que no sabían si su micrófono servía. Pasaron los minutos entre improvisaciones y oraciones sin fuerza, hasta que me tocó hablar.

Antes de predicar, les pregunté: "¿Esto que hacemos cada mañana, de verdad es orar?". Se quedaron en silencio. Uno a uno admitieron con sinceridad: unos se dormían, otros hacían tareas o revisaban el teléfono. La gran mayoría se conectaba por cumplir con la rutina, pero muy pocos estaban buscando a Dios de corazón.

Ese día el Espíritu nos habló a todos: ***"Han vuelto la oración una rutina, pero yo quiero que sea un encuentro".*** Ahí entendieron que orar no es conectarse a una plataforma, sino al corazón del Padre.

EL PELIGRO DE UN PUEBLO QUE NO ORA

Existen ciertos indicadores que advierten sobre un debilitamiento en la comunión personal con Dios. Estas son algunas señales de una vida espiritual desconectada:

- Necesita ser ministrado constantemente, pero no ministra al Señor.
- Prefiere escuchar oraciones ajenas, pero no levanta la suya.
- Repite revelaciones de otros, porque no tiene palabra propia.
- Busca profecías para suplir la falta de comunión.
- Confía más en la manifestación que en la intimidad.

Los dones y las profecías son bendiciones, pero jamás sustituyen la relación con el Espíritu Santo. El que no ora pierde el discernimiento, y el que pierde el discernimiento se vuelve vulnerable a las emociones y la manipulación.

La oración es el punto donde lo humano se rinde a lo divino. Es el altar donde el creyente deja su carga y toma la fuerza del cielo. Allí, el espíritu del hombre se alinea con la voluntad del Padre y la fe comienza a mover montañas.

"Mas tú, cuando ores, entra en tu aposento, y cerrada la puerta, ora a tu Padre que está en secreto; y tu Padre que ve en lo secreto te recompensará en público." (Mateo 6:6)

El altar secreto sigue siendo el lugar más poderoso de encuentro entre el cielo y la tierra. Cuando el hombre ora, Dios desciende; cuando el hombre calla en la presencia, Dios habla; cuando el hombre se rinde, Dios se glorifica.

“

LA ORACIÓN

es el punto donde nuestra voluntad se alinea con la voluntad del Padre, y donde nuestro corazon vuelve a latir al ritmo del cielo.

2

IMPORTANCIA DE LA INTIMIDAD CON DIOS

Solo a través de la oración puedes alcanzar una cercanía con el Espíritu Santo que te transforme hasta reflejar a tu Creador. Una de las experiencias más hermosas que he vivido con Él no nació de un protocolo complejo ni de palabras rebuscadas. Al contrario, comenzó con conversaciones sencillas, como las que se tienen con un buen amigo. Durante mucho tiempo caí en el error de creer que orar era repetir frases estructuradas o seguir un modelo rígido, pero el Señor me enseñó algo distinto: aprendí a hablar con el Espíritu Santo sin máscaras, sin religiosidad y, sobre todo, sin presión.

Fue en ese diálogo honesto donde mi vida realmente cambió. No ocurrió en un evento multitudinario ni en medio de mis responsabilidades ministeriales; sucedió en el silencio de mi habitación, a solas con Él.

¿QUÉ ES REALMENTE LA INTIMIDAD?

La intimidad no es saber cosas sobre Dios por lo que otros dicen; es conocerlo por cuenta propia. Es haber tenido ese encuentro directo con su presencia que te convierte en una nueva persona. Al permanecer ahí, te vuelves un íntimo. En ese punto, ya no necesitas estar dentro de un templo para sentirlo; puedes experimentar su compañía mientras lavas los platos, en el silencio de la madrugada o en cualquier etapa que estés atravesando.

Esa cercanía no solo te permite oír su voz, sino que despierta en ti el deseo de agradarle en los detalles más pequeños. Ya no te limitas a huir del pecado por norma, sino que empiezas a sentir incomodidad ante pensamientos incorrectos o actitudes egoístas. Te vuelves obediente por amor, no por obligación. Cuando eres íntimo, la autosuficiencia desaparece. Consultas a Dios para todo: una charla, una decisión, un nuevo proyecto o un negocio. Simplemente, ya no puedes dar un paso sin su paz y su dirección porque caminan como amigos.

La Biblia dice en **Éxodo 33:11** que Jehová hablaba con Moisés cara a cara, como quien habla con un compañero. Moisés no era perfecto, pero amaba esa presencia por encima de todo. Su postura era clara: ***"Si tu presencia no va conmigo, no me saques de aquí"***. Eso es intimidad:

negarse a avanzar sin Él, aunque la promesa sea atractiva o el éxito parezca seguro.

Estar cerca de Dios te da paz aunque no entiendas el panorama completo. Dejas de buscar la aprobación ajena porque te sabes amado. Tu discernimiento se agudiza y la unción deja de ser un momento emocional para convertirse en el ambiente constante de tu vida. Lo más profundo de este nivel es que empiezas a conocer sus atributos: su paciencia, su fidelidad y su amor inagotable. En la oración, Él se revela como tu Sanador, tu Proveedor y el Buen Pastor que te guía. Los íntimos no **"visitan"** a Dios; viven con Él.

EL COSTO DE PERDER LA CONEXIÓN

Para valorar la intimidad, debemos entender qué sucede cuando se pierde. En el Edén, Adán administraba la tierra siguiendo las instrucciones que recibía directamente de Dios. Él gobernaba porque oía su voz y obedecía. Sin embargo, al pecar, esa conexión se cortó. La voz que antes lo guiaba empezó a causarle miedo.

Es importante notar que Adán no perdió su inteligencia ni su fuerza de trabajo, pero perdió la conexión. Sin ella, todo lo demás perdió su propósito, porque el ser humano no fue diseñado para operar solo, sino desde la comunión con su Creador. Lo mismo le ocurre al creyente que descuida la oración: puede mantener sus dones, sus títulos y su capacidad, pero si pierde la conexión, todo lo que haga (por más espiritual que parezca) nacerá de sus propias fuerzas y no del Espíritu.

Al pueblo de Israel le ocurrió algo similar. Temían oír a Dios directamente porque su estilo de vida no estaba a la altura de su santidad. Por eso le pedían a Moisés que fuera él quien hablara con Dios y luego les tradujera el mensaje. Prefirieron la comodidad de un intermediario antes que el proceso de santificación necesario para escucharlo por sí mismos.

Como resultado, Dios le mostraba sus caminos a Moisés, pero al pueblo solo le mostraba sus obras. El que tiene intimidad conoce lo que Dios va a hacer; los demás solo ven lo que ya hizo. Es una imagen triste: una generación que conocía los milagros de Dios, pero no conocía su corazón. Hoy vemos lo mismo en creyentes que dependen de la oración de otros o de palabras proféticas externas porque tienen poca comunicación directa con el Espíritu. Buscan al que oyó de Dios, sin darse cuenta de que la puerta está abierta también para ellos.

RELIGIOSIDAD VS. INTIMIDAD REAL

En un mundo que nos empuja a estar siempre visibles y activos, el activismo ha infectado la fe. Hay personas con agendas ministeriales agotadoras pero con nulo tiempo a solas con Dios. Predican y organizan, pero no oran. Esa es una combinación peligrosa que crea una apariencia de espiritualidad sin sustancia. Muchos están activos, pero no son efectivos; operan bajo un estrés constante porque intentan generar sonido sin haberse quedado quietos ante Dios.

Jesús nos dio el ejemplo perfecto. Siendo el Hijo de Dios, buscaba lugares solitarios de madrugada para orar. No lo hacía solo para descansar, sino porque se negaba a actuar fuera de su intimidad con el Padre. Como dice en **Juan 5:19**, el Hijo no hace nada por sí mismo, sino lo que ve hacer al Padre. Esa es la clave: el activista hace por impulso, mientras que el íntimo primero ve lo que Dios está haciendo y luego lo replica.

Si tienes un amigo de años pero dejas de pasar tiempo con él, eventualmente se quedan sin temas de conversación. Lo mismo pasa con el Espíritu Santo. Cuando la oración se vuelve monótona o repetitiva, no es un problema de disciplina, es un síntoma de distancia. Muchos confunden esa rutina con madurez, pero la verdadera constancia produce profundidad, no repetición.

> ***Dios no es monótono; cada vez que te acercas, hay una faceta de su carácter que aún no has visto y que solo se revela en lo secreto.***

La intimidad es dinámica y siempre tiene algo nuevo. Dios no es monótono; cada vez que te acercas, hay una faceta de su carácter que aún no has visto y que solo se revela en lo secreto.

La intimidad no se decreta, se construye día a día en el secreto. Es ese espacio a solas donde el alma aprende a esperar y la carne se somete al ritmo del cielo. No hay atajos ni métodos rápidos para esto. Ester, por ejemplo, pasó tres días en ayuno y oración antes de ver al rey, y ese tiempo privado definió su futuro y el de su nación.

Si anhelas conocer los misterios de Dios, la respuesta es la oración. Habla con el Espíritu Santo como tu mejor amigo. Busca un lugar, siéntate y dile: ***"Espíritu Santo, sé que estás aquí. Hablemos".*** Permítele que te haga preguntas, que sane lo profundo y que te revele lo que ni tú te atreves a decirte. Al final del día, la intimidad no es una meta que se alcanza, es una relación que se elige cada mañana en el lugar secreto.

LA INTIMIDAD CON DIOS

no es un complemento de la vida espiritual; es su esencia. Todo lo que nace fuera de ella puede impresionar a los hombres, pero solo lo que nace en su presencia tiene el poder para transformarlo todo.

3

EL PUEBLO QUE BUSCA VOZ, PERO NO PRESENCIA

Hace tiempo conocí a un ministro de Dios que, a pesar de fluir con mucha fuerza en lo profético, llegó a una iglesia y esa noche se limitó únicamente a predicar. Muchos habían ido con la expectativa de recibir una palabra personal, pero él decidió obedecer al cielo y no hablar por su cuenta.

Esto me recordó lo que escuché de otro profeta hace poco. Fue invitado a una congregación donde se había promocionado como una noche donde Dios hablaría con poder. La actividad se llenó de personas; todos esperaban ser llamados por su nombre o recibir una palabra profética que los elevara. Pero el Señor ya había tratado con el profeta en privado y le había dicho que no diera palabras si Él no se lo pedía. Que se limitara a predicar sobre Su Hijo, Jesucristo.

El profeta decidió obedecer. Al final, como era de esperarse, vio rostros decepcionados y líderes molestos porque no hubo palabras **"proféticas"**. A pesar de que podía no volver a ser invitado, él respondió: ***"No hablaré si el Señor no habla. Si Él se calla, yo también me callo".*** Esa noche, mientras el profeta oraba, el Espíritu le habló con claridad: ***"Mi pueblo anda detrás de emociones, no quieren mi presencia. Anhelan palabras humanas, pero rehúsan conocerme a mí".***

Habacuc 2:20 declara: ***"El Señor está en su santo templo; calle delante de Él toda la tierra".***

Muchos creyentes buscan que Dios les hable por medio de otros sin haber cultivado intimidad personal con Él. Como consecuencia, terminan heridos, confundidos o manipulados. La falta de relación con el Espíritu abre puertas a la dependencia emocional y a las falsas voces.

Cuando el velo se rasgó **(Mateo 27:51)**, el Padre nos concedió acceso directo al trono de la gracia **(Hebreos 4:16).** Ya no necesitamos intermediarios para oírle. El Espíritu Santo fue dado para guiarnos personalmente. Sin embargo, muchos siguen prefiriendo escuchar a hombres antes que escuchar a Dios.

EL PELIGRO DE LA DEPENDENCIA ESPIRITUAL

La dependencia excesiva de líderes o "instrumentos" genera inmadurez y ceguera espiritual. 1 Juan 4:1 nos advierte: ***"Amados, no creáis a todo espíritu, sino probad los espíritus si son de Dios".***

Cuando no desarrollamos discernimiento, cualquier palabra nos conmueve, aunque no provenga del cielo. Y cuando no discernimos, terminamos confundiendo manipulación con unción.

Jesús dijo: ***"Mis ovejas oyen mi voz, y yo las conozco, y me siguen". (Juan 10:27)***

La pregunta que te hago es: ¿A quién estás escuchando realmente? ¿A Dios o a alguien que pretende hablar en Su nombre?

EL EJEMPLO DE SAÚL

En **1 de Samuel 13:6–13** se nos muestra un ejemplo claro de cómo la falta de comunión con Dios puede llevar a decisiones desastrosas.

Saúl debía esperar a Samuel para ofrecer sacrificio, pero al ver que el profeta tardaba y el pueblo se impacientaba, cedió ante la presión. Pensó que su acto era espiritual, pero fue desobediencia. A los ojos del pueblo, Saúl parecía valiente. A los ojos de Dios, fue rebelde. La obediencia se mide en el tiempo de espera. Cuando no sabemos esperar, el alma grita más fuerte que el Espíritu.

El miedo, la ansiedad y la presión de los demás pueden hacernos actuar fuera de la voluntad de Dios. Saúl quiso calmar al pueblo, pero terminó perdiendo el favor divino. Lo mismo sucede cuando tomamos decisiones movidos por la emoción, no por la dirección del Espíritu. La Biblia dice:

"Porque todos los que son guiados por el Espíritu de Dios, estos son hijos de Dios". (Romanos 8:14)

Hoy, tristemente, vemos muchos **"Saúles"** modernos: ministros con gran visibilidad, dones y títulos, pero que lamentablemente están desconectados del Espíritu Santo. Pueden impresionar con su elocuencia y mover multitudes con su carisma, pero no necesariamente significa que tienen la aprobación de Dios.

El don no valida al hombre; la obediencia sí. Los aplausos del público no son sinónimo de presencia, ya que la emoción del pueblo no garantiza respaldo celestial. Dios mide a sus siervos no por el reconocimiento que puedan tener en público, sino por su fidelidad en lo secreto.

Un líder puede tener micrófono, pero si no tiene altar, está vacío. Si hay algo que tengo muy claro en el llamado de Dios es la mentira de la honra humana. Después de su pecado, Saúl no buscó el perdón de Dios, sino conservar la apariencia. Le dijo a Samuel: ***"Te ruego que me honres delante de los ancianos de mi pueblo". (1 Samuel 15:30)***

En otras palabras: ***"No me dejes solo, que no se note que Dios me ha desechado"***. El problema de Saúl fue que amó más la honra del hombre que la aprobación del cielo. Su prioridad no era la presencia, sino su imagen. Así actúan muchos hoy: cuando son corregidos, se preocupan por lo que la gente dirá, no por lo que el Espíritu siente. Pero quien teme más a la opinión que a la voz de Dios, ya está desconectado del altar.

EL EJEMPLO DE MOISÉS

Ahora quiero que escudriñemos el corazón de Moisés. En contraste con Saúl, Moisés entendió el verdadero valor de la presencia de Dios.

Por eso, en una ocasión le dijo a Dios: ***"Si tu presencia no ha de ir conmigo, no nos saques de aquí".*** **(Éxodo 33:15)** Moisés no buscaba fama, sino dirección. No ansiaba ser visto o promocionado, sino guiado. Prefería el anonimato con presencia, que la popularidad sin comunión.

Ese debe ser el clamor del creyente maduro: ***"Señor, no me saques de donde estoy si no irás conmigo.*** No me interesa tener reconocimiento si tu fuego no está ardiendo en mí".

Mientras Saúl ofrecía el sacrificio, el pueblo lo aplaudía, convencido de que hacía lo correcto. Pero Dios lo llamó locura **(1 Samuel 13:13)**. Lo que el hombre aplaude, muchas veces el cielo lo reprueba.

La falta de oración lleva a muchos a depender del espectáculo, los dones y los títulos. Por eso, el que no tiene intimidad con el Espíritu Santo termina admirando lo que debería discernir. Hay personas que impresionan por su talento, pero detrás del púlpito esconden heridas, desórdenes o pecados ocultos. Es triste, pero el pueblo, sin discernimiento, se deslumbra por el brillo externo sin ver la falta de fuego interno.

Los dones son regalos; la santidad es una decisión. Pedro confrontó este error en **Hechos 8:20** cuando dijo: ***"¡Perezca tu dinero contigo, porque has pensado que el don de Dios se obtiene con dinero!".*** El problema no está en los dones, sino en el corazón que los maneja.

Es importante que entiendas lo que estás siguiendo; la Biblia deja claros muchos modelos de hombres de Dios que se desviaron y desconectaron del propósito. ¿A quién estás siguiendo realmente? ¿A un hombre o al Espíritu? ¿Admiras los dones o valoras el carácter?

Muchos corren tras figuras públicas sin conocer su testimonio, su vida familiar o su rendición ante Dios. El pueblo es fácilmente seducido por la apariencia cuando ha dejado de cultivar su propio altar. Por eso oro para que el Espíritu Santo abra nuestros oídos y ojos espirituales, para que no seamos movidos por la emoción ni por la fama, sino por la voz del cielo.

Creo que estamos en una alerta donde se debe estar más despierto que nunca: la voz que sigas determinará tu destino al final de los tiempos. Muchos siguen voces que entretienen, pero no transforman. Otros se detienen hasta oír al Espíritu. A esos, el cielo los llama hijos. Y el respaldo del Dios Eterno es tangible en sus vidas.

Aprendamos a crecer en discernimiento; la Escritura enseña: ***"puestos los ojos en Jesús, el autor y consumador de la fe"***. En Cristo tendremos victoria.

LA FALTA DE ORACIÓN

lleva a muchos a depender del espectaculo, los dones y los títulos, por eso, el que no tiene intimidad con el Espíritu Santo termina admirando lo que debería discernir.

PARTE 2

Cinco Beneficios Que Se Obtienen A Traves De La Oración

4

LA ORACIÓN
NOS AYUDA A MANIFESTAR EL PODER DE DIOS EN LA TIERRA

Solo a través de la oración podemos manifestar el poder de Dios en la tierra, operando en su nombre con autoridad para ver milagros, sanidades, liberación y la intervención sobrenatural del cielo.

Desde los primeros relatos de la Biblia vemos que Dios es un Dios poderoso, capaz de intervenir en medio de las crisis humanas. El mar Rojo se abrió delante del pueblo de Israel, agua brotó de la roca en el desierto, y hombres comunes fueron usados para demostrar que el poder del cielo puede manifestarse en la tierra. Cada una de estas historias revela una verdad: Dios sigue actuando hoy, y lo hace a través de personas que viven en comunión con Él.

La Biblia está llena de relatos donde el poder de Dios se manifestó de forma visible. Jesús sanaba enfermos, libertaba a los oprimidos, restauraba vidas y realizaba obras sobrenaturales que mostraban la realidad del reino de Dios. Sin embargo, estas manifestaciones no eran actos aislados; estaban profundamente conectadas con su vida de oración. Jesús buscaba constantemente lugares apartados para hablar con el Padre, porque entendía que la fuente de su autoridad estaba en esa comunión.

"De cierto, de cierto os digo: El que en mí cree, las obras que yo hago, él las hará también; y aún mayores hará." (Juan 14:12)

Jesús no dejó esto como una sugerencia, sino como una realidad disponible para quienes permanecen conectados con Él. El poder de Dios no se manifiesta simplemente porque alguien lo desee; se manifiesta cuando un ser humano vive en comunión constante con el Padre.

Cuando oramos, no solo hablamos con Dios. En ese tiempo de intimidad recibimos dirección, autoridad y respaldo espiritual. La oración nos conecta con el cielo y nos permite actuar en la tierra representando el nombre de Jesús. Mientras más profunda es nuestra comunión con Dios, mayor es la autoridad espiritual con la que podemos actuar en su nombre.

Muchos creyentes desean ver milagros, sanidades o intervenciones sobrenaturales, pero pocas veces se detienen a cultivar la vida de oración que sostiene ese poder. No se trata de repetir fórmulas ni de imitar lo que otros hacen públicamente, la manifestación del poder de Dios es el resultado de una vida secreta de comunión con Él.

Los discípulos vivieron de cerca cada milagro de Jesús. Lo vieron sanar leprosos, abrir los ojos de los ciegos, resucitar muertos, calmar tempestades. Tuvieron acceso **"VIP"** a todo eso. Y sin embargo, en ningún momento le dijeron: **"Señor, enséñanos a hacer milagros."** Todo lo contrario, lo que le pidieron fue que los enseñara a orar. Ellos al ver eso, no se impresionaron por los milagros, sino por la causa, por eso pidieron: ***"Señor, enséñanos a orar." (Lucas 11:1)***

Ellos habían entendido algo que muchos hoy todavía no han captado: que los milagros no eran el origen, sino la consecuencia. Que detrás de cada señal, de cada maravilla, de cada intervención sobrenatural, había una vida de oración que lo sostenía todo. No querían el resultado sin la raíz. Querían aprender lo que Jesús hacía antes de que el mundo lo viera actuar.

Esa sigue siendo la pregunta correcta hoy. No es investigar "¿cómo hago milagros?", sino "¿cómo oro más?" Porque quien aprende a orar, aprende a conectarse con la fuente. Y de esa fuente, el poder fluye solo.

EL PODER DE ORAR CON FE

Recuerdo que siendo una niña, mi hermano tenía un fuerte padecimiento de asma. Esta enfermedad que afecta la respiración se vuelve crónica y más fuerte, por lo que mi madre tenía que cuidar hasta la brisa que recibía, a qué horas podía bañarse, cuál olor le afectaba, entre tantos cuidados para evitar lo que en mi país llamamos apretamiento de pecho.

Pero ese día estábamos en la clase bíblica de patio para los niños, y el tema era Jesús sana a los enfermos. La verdad, no recuerdo cuál era el personaje de la clase del día, porque mi hermano comenzó a tener una de sus acostumbradas crisis asmáticas, por lo que todo parecía que debíamos suspender la clase y atender la enfermedad.

Entonces la maestra preguntó algo que todavía hoy recuerdo como si hubiera sido ayer. Ella dijo: —¿Cuántos creen que Jesús hoy puede sanar también a este niño como aprendimos en la clase bíblica?

Y todos nosotros respondimos **"amén"**. Todos creíamos que era posible.

La maestra de escuela bíblica os pidió que pusiéramos las manos sobre mi hermano mientras hacíamos una oración sencilla en el nombre de Jesús. Poco a poco los sonidos de su respiración comenzaron a calmarse. La presión en su pecho desapareció y, delante de nuestros ojos, mi hermano fue sanado. Hasta el día de hoy nunca ha vuelto a sufrir esa condición.

No estábamos en un gran templo ni en una actividad con muchísimas personas. Estábamos en un patio, debajo de un árbol, simplemente orando. La oración sigue teniendo poder. En **Santiago 5:15** la Biblia declara que la oración de fe sanará al enfermo, y cada uno de los niños que estábamos allí oramos con fe y vimos el poder de la oración aplicado en la vida de mi hermano.

Aquella experiencia me enseñó algo que nunca olvidé: el poder de Dios no depende del lugar ni de la multitud, sino de la fe y de la comunión con Dios.

LA OBEDIENCIA NOS DA AUTORIDAD

Otro de mis recuerdos de años atrás tuvo que ver con mi hermana mayor, quien junto a otra hermana fue instruida por el Espíritu a visitar una lejana comunidad porque había un brote de fuertes enfermedades en los niños. Algunos morían, otros estaban desfalleciendo ante la impotencia de sus padres y la falta de respuesta médica que no entendía cómo los tratamientos eran insuficientes ante la crisis.

Ellas solo recibieron la orden de ir a orar por sanidad de los pequeños enfermos. Y la otra instrucción era salir sin dinero, ni siquiera para el transporte, porque el Señor supliría todo.

Aun cuando no conocían a nadie y sin saber dónde se hospedarían, obedecieron la voz del Señor. Al llegar, organizaron un culto en el centro del pequeño pueblo, junto a un pastor al que el Señor las dirigió al llegar. Pero lo más impactante fue la promoción del culto que el Señor usó: era ir casa por casa preguntando si había niños enfermos. De ser así, y si los padres les permitían, ellas entraban orando por ellos, tocándolos con aceite en el nombre de Jesús. Y si se sanaban, debían ir al culto de la noche.

El primer día, el lugar estaba lleno de familias sanadas con testimonios del poder de Dios, más otros que al ver los milagros fueron en busca de respuesta divina. Y así sucedió durante varios días: los milagros y sanidades se manifestaban mientras ellas caminaban por todas las calles. Incluso ya les llevaban los enfermos a las calles y el Señor los sanaba.

Esa comunidad fue tan impactada por el poder de Dios, y la iglesia local donde estaban hospedadas fue activada y avivada por la presencia de estas mujeres que decidieron obedecer al Espíritu Santo.

Jesús no dejó una sugerencia, sino el mandato de orar por los enfermos: ***«Y les dijo: Id por todo el mundo y predicad el evangelio a toda criatura» (Marcos 16:15).***

Y entonces viene la pregunta: ¿Cómo es posible que un ser humano normal y débil levante su voz en oración aquí en la tierra y que el cielo se manifieste sanando un cuerpo enfermo, actuando con poder sobre la atmósfera, la naturaleza, o echando fuera los demonios? ¿Es tanto el poder de la oración? ¿Qué más estaría sucediendo a nuestro alrededor si usáramos más los recursos de la oración?

Orar es llegar a tener un tan alto nivel de comunicación, comunión, conexión e intimidad con el Padre, que al usar su nombre Él nos respalde sanando, libertando, cambiando y transformando lo que nos rodea.

En **Juan 15:7**, Jesús nos dice: ***«Si permanecéis en mí, y mis palabras permanecen en vosotros, pedid todo lo que queréis, y os será hecho».*** Es que al estar juntos en permanencia espiritual obtenemos su autoridad para hablar en su nombre. Cuando hablamos a lo que nos rodea, es como si escucharan al mismo Jesús hablarlo.

La clave es permanecer en su presencia, lo cual significa tener comunión e intimidad espiritual, activando y desarrollando más nuestro espíritu, conociendo cada vez más la voluntad divina, cómo se mueve su poder, y desde ese punto manejarnos con más autoridad que las cosas terrenales.

Nadie puede manifestar ni demostrar lo que no ha conocido, y nunca lo conocerá si no pasa tiempo en lo profundo de su presencia. Es por esto que mientras más oramos, más muestra pública tendremos de su poder.

LA MANIFESTACIÓN DEL PODER DE DIOS

es el resultado de una vida secreta de comunión con Él.

5

EL PODER
QUE SOLO VIENE DE LA DEPENDENCIA DEL PADRE

¿Por qué necesitamos orar si Dios es todopoderoso? Si el Señor tiene el poder de resolver cualquier problema, sanar a los enfermos y transformar todo lo que está alterado, ¿por qué dependemos de la oración para que ese poder se manifieste? La respuesta se encuentra en el origen mismo de la humanidad.

Cuando Dios formó al hombre, le otorgó autoridad sobre la tierra. Le dijo: ***"Sojuzgad, gobernad y tened dominio" (Génesis 1:28)***. Esta delegación es real y conlleva implicaciones profundas: incluso Satanás, al intentar entrar en este plano físico, tuvo que negociar con el hombre, pues carecía de acceso a la tierra sin su participación.

Lo vemos claramente en **Génesis 3**: la serpiente no actuó por cuenta propia, sino que persuadió a Eva, buscando la **"puerta"** que solo el ser humano podía abrir.

Por esta razón, Jesús vino al mundo en forma de hombre: para devolvernos la autoridad perdida en el Edén y reposicionarnos según el diseño original del Padre. ***"Pero cuando vino el cumplimiento del tiempo, Dios envió a su Hijo, nacido de mujer..." (Gálatas 4:4).*** No vino como ángel ni como espíritu; vino como hombre, porque la autoridad perdida por un hombre debía ser restaurada por un hombre.

Dios, cuando actúa en la tierra, lo hace a través del ser humano. Él podía abrir el Mar Rojo por sí solo, pero prefirió manifestarse a través de Moisés al ordenarle: ***"Y tú alza tu vara, y extiende tu mano sobre el mar, y divídelo" (Éxodo 14:16).*** Del mismo modo, el río Jordán se abrió solo con la participación humana **(Josué 3:13)**. A lo largo de todo el Antiguo Testamento se repite el mismo patrón: el poder sobrenatural desciende del cielo, pero es ejecutado por un hombre en la tierra.

Dicho de forma directa: la oración es obtener el permiso de Dios para que un ser humano actúe en su nombre.

Nadie puede actuar en representación de Dios sin estar en íntima comunión con Él. Así como un embajador no puede hablar en nombre de su nación sin recibir instrucciones directas de su gobierno, nosotros no podemos ejercer la autoridad del cielo sin haber estado en la presencia del Rey.

La oración hace precisamente eso: nos autoriza para que, en Su nombre, hagamos en la tierra lo que Él haría.

LA ORACIÓN COMO FUENTE DE AUTORIDAD

Orar es pasar tanto tiempo en la presencia de Dios que, al salir, llevemos con nosotros el permiso y la fuerza para actuar. Jesús mismo modeló este principio: antes de cada milagro importante, de elegir a sus discípulos o de enfrentar la cruz, se retiraba a solas **(Lucas 5:16).** Si el Hijo de Dios consideró que la oración era necesaria, ¿cuánto más nosotros?

Mientras más tiempo pasamos en oración, mayor es nuestra capacidad espiritual para manifestar, obrar y accionar en la tierra bajo el poder del Señor, pues la oración no es un rito, sino el combustible de nuestra autoridad legal en este plano. Es por eso que Jesús fue tan enfático al decir que en su nombre echarán fuera demonios y sobre los enfermos pondrán sus manos y sanarán, como se registra en **Marcos 16:17–18.**

Esta promesa no era una sugerencia, sino una consecuencia directa de caminar en Su autoridad. Lo vemos incluso en **Marcos 9:38**, cuando los discípulos le dicen: ***"Maestro, vimos a uno que en tu nombre echaba fuera demonios".*** Esto nos demuestra que incluso alguien fuera del círculo íntimo de los apóstoles podía actuar con un poder real y tangible, porque el secreto no estaba en el cargo que ocupaba, sino en que operaba bajo el respaldo del nombre correcto.

Cuando oramos, nos alineamos con ese Nombre que está sobre todo nombre, permitiendo que lo que ya es una realidad en el cielo, se ejecute con precisión a través de nuestras manos en la tierra.

LA ORACIÓN DE ELÍAS

Uno de los casos más impactantes para mí es el del profeta Elías. No era conocido hasta el momento en que entró a la presencia del rey Acab y, sin miedo a consecuencias, dijo: ***«Vive Jehová Dios de Israel, en cuya presencia estoy, que no habrá lluvia ni rocío en estos años, sino por mi palabra» (1 Reyes 17:1).*** Y se cerraron los cielos.

¿Cómo podía este ser humano tener tanta fuerza que la atmósfera le obedeció? La respuesta está en sus propias palabras: ***«Vive Jehová en cuya presencia estoy».***

Santiago lo aclara en el capítulo 5, versículo 17 de su libro: ***«Elías era hombre sujeto a pasiones semejantes a las nuestras, y oró fervientemente para que no lloviese, y no llovió sobre la tierra por tres años y seis meses» (Santiago 5:17).*** El secreto de Elías estaba en su efervescencia, esto es: apasionado, fervoroso, diligente, permanente, orando y en la presencia del Señor. Cuando salió de allí, tenía la autoridad del cielo. Su palabra era la de un humano guiado, instruido, dirigido y respaldado por el Espíritu.

Al salir tan lleno del Espíritu de Dios, su presencia le envolvía. Por eso, aun cuando no estaba en oración frente a Acab, pudo decir: ***«Vive Jehová en cuya presencia estoy».***

A partir de ahí, cualquier cosa que saliera de su boca tenía validez espiritual y sucedería.

Lo del profeta Elías no era arrogancia, sino autoridad espiritual por causa de la oración. Porque el que permanece clamando es respaldado por el cielo y temido en el infierno.

En este tiempo, muchos quieren hacer milagros, orar por enfermos y ver manifestaciones sobrenaturales. Otros admiran a hombres y mujeres que el Señor está usando con poder. Pero no se trata de la exposición pública de milagros, sino de la vida ferviente de oración secreta.

Nadie verá la manifestación de Dios hasta no tener la llave de poder, que es pasar tiempo a solas hablando con el Padre.

Jesús salía muy de mañana a hablar a solas con su Papá. Cuantos más milagros hacía, mayor era su dependencia y necesidad de esa íntima conversación. En **(Marcos 1:35)** y **(Mateo 14:23)**, vemos que luego de ministrar a la multitud, se refugió en la soledad de la oración, llenándose y nutriéndose de nuevo para comenzar una y otra vez.

Si Jesús necesitaba salir de la tarea intensa para hablar a solas (toda una noche, o temprano en la mañana) para seguir ejerciendo su ministerio, ¡cuánto más nosotros, con faltas y debilidades, requerimos con mayor urgencia salir de tanta exposición pública y refugiarnos secretamente en la oración!

¿Recuerda a los siete hijos de Esceva? Estos veían a Pablo echar fuera demonios, y esto debió ser llamativo por el grado de autoridad. Así que decidieron usar las mismas frases, la misma fórmula, la misma postura. Incluso hablaron en nombre del Jesús que predica Pablo.

Las consecuencias fueron funestas: ***«Y el hombre en quien estaba el espíritu malo, saltando sobre ellos y dominándolos, pudo más que ellos, de tal manera que huyeron de aquella casa desnudos y heridos» (Hechos 19:13-15).***

Porque la repetición del nombre de Jesucristo, el aceite, el gritar desde el altar, etc. nada de eso por sí solo produce resultado. La única forma en que veremos su manifestación es si somos conocidos espiritualmente, tanto por los ángeles como por los demonios.

Cuanto más tiempo pasamos en la presencia del Señor, los demonios se dan cuenta de que tenemos secretos de poder y autoridad sobre ellos. No son nuestros años de pastorado, ni en la iglesia, ni los títulos ministeriales... es cuánto tiempo hemos pasado siendo íntimos con el Espíritu Santo.

Hace unos años tuve una fuerte prueba en mi fe cuando uno de mis hijos se enfermó con altas fiebres y aumento de sus ganglios, por lo que los médicos estaban preocupados por los posibles diagnósticos de la enfermedad.

Durante varias semanas seguían siendo más abundantes los valores en su sistema sanguíneo y crecían constantemente, por lo que pasábamos de un médico especialista a otro mayor. Para ellos, el asunto era de vida o muerte y debíamos proceder apresuradamente para evitar que la enfermedad tomara otros órganos.

Pero uno de esos días, entre médicos y estudios, agotada emocionalmente, decidí olvidarme de todo lo que acontecía a mi alrededor y me retiré a hablar con mi Padre amado.

Entré en un lugar sola. Lloré, me quejé, solté la ansiedad de esos días intensos, pedí perdón, lo adoré. En fin, me quedé con Él hasta que me hablara qué estaba aconteciendo con la salud de mi hijo.

Decidí que no daría un paso más hasta no oír su voz. Aunque pasara lo que pasara, no me interesaba cuántos posibles diagnósticos habría. Quería que el mismo Señor me hablara qué estaba sucediendo, cómo se llamaba la enfermedad. Que no me lo dijera el médico, sino el Dios que lo creó. Y aunque Él se tomó largo tiempo para responderme, me habló. Y su respuesta fue: «Nada».

Cuando su voz llegó a mi vida, me envolvió una paz inconfundible porque entendí que no estaba enfermo y que la sanidad había tocado su vida. Salí de allí adorando a Dios y dando gracias, aunque los síntomas y la evidencia seguían avanzando. La semana siguiente sería la evaluación más definitiva. Pero dentro de mí había una conversación con el Espíritu que mantenía en mi boca esa palabra: **«Nada».**

Hasta que al llegar el día esperado, todos los resultados fueron negativos. Y el médico me dijo: «Señora, aquí yo no veo nada».

Gloria a Dios. La misma palabra que recibí del Señor en la intimidad. Ese mismo día, sin medicamentos ni intervención, mi hijo comenzó a sanar de forma definitiva. Porque el Señor siempre hace su obra completa.

Orando obtenemos permiso, poder y autorización para operar, hablar y manifestarnos en su nombre aquí en la tierra. Orar es la única vía de actuar en la tierra en representación de Dios, como si Él mismo estuviera hablando.

Me gusta decirlo de esta forma: mientras más hablamos con el Padre, más derecho y autoridad recibimos para expresarlo, como si fuera Él mismo. Es el permiso que tenemos para manifestarlo a Él.

Imagina a un consultor del presidente de los Estados Unidos, o tal vez de su propio país. Esta persona será confiable en lo que dice en la medida que tenga cercanía con el primer mandatario. Si es de los que habla diariamente durante horas, o almuerzan juntos, será respetado no por ser el presidente, sino por su cercanía. Y si esta persona da una opinión sobre su país, será tan creíble porque sus palabras no son las suyas, sino que salieron de una conversación personal con alguien de mayor autoridad.

Si esto es una realidad en el mundo natural, ¿cuánto más nos sucederá por tener encuentros constantes, íntimos, apasionados, diarios, sin horarios ni protocolos, con el maravilloso Espíritu Santo? Sin oración no hay intervención. Sin oración no habrá operación milagrosa de Dios. Él responde donde se le clama y está donde es esperado.

¿POR QUÉ NO VEMOS MÁS MILAGROS HOY?

La razón es simple: no estamos lo suficientemente cerca de la fuente de poder. Con frecuencia, nuestros pensamientos se enfocan en las personas que creemos que resolverán nuestros problemas. Ante una enfermedad, acudimos de inmediato al médico, y aunque reconocemos que Dios dio sabiduría a la ciencia y debemos seguir los tratamientos, solemos demostrar más fe en la medicina que en las promesas de sanidad del Señor. ***"Por su llaga fuimos nosotros curados" (Isaías 53:5)***. La Palabra no niega la medicina, pero tampoco permite que nuestra confianza en ella supere nuestra fe en Dios.

Cuando enfrentamos una crisis, a menudo agotamos a quienes nos rodean: hablamos con familiares, pastores o psicólogos hasta que todos conocen nuestra situación. Sin embargo, dejamos como último recurso el ir delante del Padre celestial para abrir el corazón, recibir dirección y obtener, desde Su presencia, el poder para cambiar nuestra realidad.

Nuestra fe proviene de aquello que más escuchamos. ***"Así que la fe es por el oír, y el oír, por la palabra de Dios" (Romanos 10:17)***. Si pasamos más tiempo escuchando problemas que escuchando a Dios, nuestra fe se alimentará de los problemas. Y aquel a quien más le contamos nuestras penas es de quien terminamos esperando la solución.

Piénsalo así: ¿qué pasaría si invirtiéramos el mismo tiempo que usamos contándole nuestras situaciones a los demás en hablar y oír a Dios? Para resolver un asunto legal esperamos días; una crisis bancaria requiere citas y trámites tediosos. Como humanos, dedicamos jornadas enteras a buscar soluciones naturales, pero nos cuesta pasar horas en la presencia de Dios esperando que los cielos se abran a nuestro favor.

"Clama a mí, y yo te responderé, y te enseñaré cosas grandes y ocultas que tú no conoces" (Jeremías 33:3). Dios no nos pide que lo busquemos como última opción; nos invita a que sea nuestra prioridad. No se trata de despreciar los recursos que el Señor nos ha dado, sino de tener, al menos, tanta fe en el poder de la oración como la que depositamos en ellos.

“

NO HAY AUTORIDAD

sin intimidad, ni manifestación sin dependencia; el cielo respalda a quienes aprendieron primero a rendirse delante del Padre.

6

LA ORACIÓN

NOS LLEVA A COMPRENDER NUESTRA IDENTIDAD Y EL PROPÓSITO AL QUE FUIMOS LLAMADOS

Solo a través de una comunicación constante y una intimidad real con el Padre podemos entender quiénes somos y para qué estamos en este mundo.

Hay algo que me parece hermoso en la palabra identidad. Viene del latín identitas, que nace de idem, que significa **"lo mismo"**. En su raíz más profunda, tener identidad es ser "lo mismo" que nuestra fuente. Es reflejar la esencia de quien nos dio la vida. Por eso nuestra identidad no es algo que inventamos, sino algo que heredamos: Dios nos dio su identidad al crearnos a su imagen y semejanza, imprimiendo su carácter en nuestro espíritu para que nuestra naturaleza fuera un eco de la suya.

Sin embargo, en esta generación nos enfrentamos a una crisis de identidad que parece haberlo alcanzado todo. Hoy es común ver movimientos de personas que se **"autoperciben"** de formas que desafían su naturaleza original, desde los colectivos LGBT hasta comunidades como los Therians (personas que sienten que no son humanos sino animales), entre tantos otros donde la autopercepción intenta sustituir la realidad del diseño divino.

Y es muy fácil señalar a estos grupos desde afuera y juzgarlos por haber perdido el rumbo de quiénes son. Decimos: **"Les hace falta Dios"** o **"Perdieron su identidad".** Pero lo que no hacemos tan fácilmente es voltear la mirada hacia adentro. Porque en la iglesia también hay una crisis de identidad, y muchas veces es igual de profunda, solo que se disfraza mejor.

Hay creyentes que no saben quiénes son sin su título ministerial. Otros que construyeron su identidad sobre los dones, sobre el aplauso o sobre cuántos los siguen en redes sociales. Hay quienes llevan años sirviendo a Dios pero viven con el alma vacía, sin saber realmente para qué están aquí, qué los hace únicos o cuál es su lugar en el propósito del Padre.

¿Por qué ocurre esto? ¿Cómo es posible que alguien que conoce a su Creador siga perdido en su propia identidad? La respuesta es simple, aunque suene dura: por falta de oración.

La fe es el puente que nos conecta con nuestro origen, pero la oración es el camino para caminar por ese puente. La identidad real, esa que no depende de títulos ni del qué dirán, solo se recibe en el secreto de la comunión con Dios. Ese lugar donde Él nos recuerda que nuestra esencia no ha cambiado, a pesar de todo lo que hemos vivido.

TRES FACTORES QUE DAÑAN LA IDENTIDAD

Antes de ver cómo la oración nos ayuda a construir una vida fundamentada en nuestra identidad, hay que entender qué es lo que la destruye en primer lugar. Luego de estudiar, me he dado cuenta que existen tres áreas que suelen distorsionar quiénes somos, aquí te las comparto:

1. El pecado.

Cuando el hombre pecó en el Edén, se cortó esa conexión espiritual con el Padre, que era precisamente donde nuestra identidad se mantenía firme. El pecado dañó esa esencia y trajo consigo el cautiverio del alma: la vergüenza por la desnudez, el miedo que admitió Adán y, finalmente, la culpa.

¿Adán y Eva habían sentido eso antes de pecar? No, porque sus emociones estaban seguras en su identidad. Solo cuando fallamos ante Dios perdemos esa paz. Como dice **1 Juan 4:18**, el amor perfecto echa fuera el temor.

Tal vez hoy vives con la duda de quién eres o sientes que no puedes cumplir con lo que Dios te encomendó.

Quizás te sientes marcado por errores del pasado o por fallas recientes. Pero, igual que con Adán y Eva, el Padre ofrece restaurar esa comunión a través del sacrificio de Jesús. Él nos salva para que recuperemos la intimidad que necesitamos para saber quiénes somos en Él **(Juan 1:12, Romanos 8).**

2. El entorno.

Todo lo que nos rodea nos da información que terminamos aceptando como **"normal"**, aunque sea incorrecta. Creamos estándares de belleza, inteligencia o poder basados en lo que vemos en la sociedad, en nuestra nacionalidad o en grupos religiosos. Todo eso nos condiciona.

Por ejemplo, ¿cuántas veces juzgamos si alguien es pastor solo por cómo viste o se para? Si tú tienes un llamado de Dios pero no encajas en ese molde visual, te costará aceptarlo. De ahí nace la baja autoestima. Si no cumplimos con el apellido, la raza, el color o la estatura que la sociedad espera, nos descalificamos solos.

Moisés se preguntó quién era él para liberar a un pueblo, y además era tartamudo. Jeremías se vio a sí mismo como un niño que no sabía hablar. Ambos se miraron en el espejo de su entorno y sintieron que no daban el perfil. Es muy probable que tú también te hayas descartado por no tener títulos, por tu físico o por cualquier otra limitación. Pero recuerda: Dios suele usar a los que el mundo rechaza para mostrar su gracia (1 Corintios 1:27-29).

3. Las experiencias vividas:

Somos el resultado de lo que hemos vivido, y cada vivencia deja una marca. El problema surge cuando creemos que somos solo lo que nos pasó. Ahí es cuando nos ponemos etiquetas definitivas por procesos que eran temporales.

José es el mejor ejemplo de alguien que no permitió que su sufrimiento definiera su futuro. A pesar de todo su pasado, en **Génesis 50:20** dijo: ***"Dios encaminó para bien todo el mal que ustedes me hicieron".***

¿Sigues usando tu pasado como un obstáculo? ¿Hablas más de lo que te pasó que de lo que Dios va a hacer? El Señor quiere usarte con poder. No dejes que tus viejas heridas te impidan ver el futuro que el Padre tiene para ti.

LA IDENTIDAD DE MOISÉS

Moisés es el caso más claro en la Biblia de alguien que comenzó sin comprender su identidad y terminó caminando en ella como libertador de una nación. Ese cambio no ocurrió por un curso ni por un título. Fue el resultado de la intimidad con Dios a través de una vida de oración y dependencia real de Él.

En **Éxodo 3:11**, cuando Dios lo llama, su pregunta lo dice todo: ***"¿Quién soy yo para ir ante el Faraón?"*** Moisés no tenía claro quién era. Se veía a sí mismo como un fugitivo que había fallado, alguien incapaz de hacer algo trascendente. Se juzgaba por su entorno y sus fracasos, igual que muchos de nosotros hoy.

Y fíjate en algo: Moisés no era un desconocido de Dios en ese momento. Ya había tenido un encuentro con la zarza ardiente. Ya había escuchado la voz del Señor. Pero aun así, no sabía quién era. Porque un encuentro con Dios te puede impactar, pero no es suficiente para establecer tu identidad. Lo que la establece es la comunión continua, el diálogo constante, el volver una y otra vez a su presencia.

Y eso fue exactamente lo que hizo Moisés. Cada vez que hablaba con Dios, algo en él se iba acomodando. Las preguntas se iban respondiendo. La inseguridad se iba disolviendo, no porque desaparecieran sus limitaciones, seguía siendo el mismo hombre con la misma voz, sino porque en la presencia de Dios fue entendiendo que su identidad no venía de lo que él era, sino de a quién pertenecía.

Éxodo 33:11 dice que Dios hablaba con Moisés cara a cara, como con un amigo. Esa intimidad transformó a un hombre inseguro en alguien capaz de plantarse ante el hombre más poderoso del mundo en su época y exigir la libertad de su pueblo. Moisés no cambió por fuera. Descubrió quién era por dentro al estar con Dios.

Cuanto más hablaba con el Padre, más se conocía a sí mismo.

La Biblia muestra cuando Moisés bajó del monte después de estar con Dios, su rostro resplandecía. Él no lo sabía. No era algo que buscó ni que intentó demostrar. Simplemente había estado tanto tiempo en la presencia de Dios que su propio rostro comenzó a reflejar esa gloria. **Éxodo 34:29-30.**

Eso es exactamente lo que describe **2 Corintios 3:18:** ***"Por tanto, nosotros todos, mirando a cara descubierta como en un espejo la gloria del Señor, somos transformados de gloria en gloria en la misma imagen."***

La oración no solo te dice quién eres, sino que te va convirtiendo en eso. Cuando pasas tiempo real con Dios, algo de Él comienza a quedarse en ti. No como actuación ni como esfuerzo propio, sino como consecuencia natural de haber estado con Él. Tu identidad deja de ser algo que buscas y se convierte en algo que irradias.

Moisés no bajó del monte diciendo **"ya sé quién soy."** Bajó brillando. Y otros lo vieron antes que él mismo lo notara. Así funciona la identidad que nace de la oración.

LA FALTA DE IDENTIDAD DE SAÚL

La falta de identidad hace que muchos se aferren a su estatus o a sus talentos para ocultar sus vacíos. A veces el resto no lo nota porque se deslumbra con el talento, pero los dones son regalos de Dios, no trofeos para el orgullo.

El rey Saúl es un ejemplo de esto. Tenía el título y la unción, pero no tenía intimidad. Por eso terminó buscando que los hombres lo aprobaran antes que Dios. Cuando Samuel lo confrontó, Saúl no buscó arrepentimiento real, sino que le pidió: ***"Hónrame delante de los ancianos" (1 Samuel 15:30).*** Básicamente, quería usar el nombre de Dios para mantener su imagen frente a los demás.

Si comparamos a Saúl y Moisés podemos ver una gran diferencia. Cuando Dios le prometió victorias a Moisés pero le dijo que no iría con él, Moisés respondió***: "Si tú no vas conmigo, no me interesa ir"***. A él no le importaba el éxito o el aplauso si no tenía la presencia de Dios.

Nuestra falta de intimidad nos impide ver a personas que quizás no tienen un gran nombre ni han sido promovidas por el mundo, pero que Dios ama profundamente y que hacen temblar al infierno.

EL ÚNICO LUGAR PARA ENCONTRAR IDENTIDAD

Solo a través de la oración recuperamos nuestra verdadera identidad. No la que el pecado rompió, ni la que el mundo deformó o el dolor marcó, sino la que el Padre diseñó para nosotros desde el principio.

Recuperar quiénes somos en la oración no es algo que sucede en un momento mágico o en una experiencia aislada; es un proceso. Ocurre cada vez que te detienes, cierras la puerta y hablas con Dios de verdad. Hay tres cosas fundamentales que la oración hace en tu identidad y que no encontrarás en ningún otro lugar:

- **Te recuerda de quién eres hijo**

No eres el hijo de tu historia, ni de tus errores, ni de lo que otros dijeron de ti en tus peores momentos. A veces, frases como **"no sirves", "nunca lo lograrás"** o **"no eres suficiente"** se quedan grabadas a fuego. Con el tiempo, casi sin darnos cuenta, empezamos a construir nuestra vida sobre esas voces en lugar de hacerlo sobre la voz de quien nos creó.

Mas a todos los que le recibieron, a los que creen en su nombre, les dio potestad de ser hechos hijos de Dios (Juan 1:12). Ese derecho no se gana portándose bien ni se pierde por fracasar. Pero tampoco se experimenta en automático; se activa en la oración. Es ahí donde el Padre te lo confirma directamente, sin intermediarios.

Hay una diferencia enorme entre saber por doctrina que eres hijo de Dios y creerlo, vivirlo y caminar con esa seguridad. Esa diferencia la marca la oración. En ese diálogo íntimo, el Padre borra las voces equivocadas y planta la suya. La Biblia dice:

Pues no habéis recibido el espíritu de esclavitud para estar otra vez en temor, sino que habéis recibido el espíritu de adopción, por el cual clamamos: ¡Abba, Padre! (Romanos 8:15).

Abba no es un concepto teológico; es la forma más cercana y tierna en que un hijo llama a su papá. Y eso solo nace en la intimidad de la oración.

- **Te separa del ruido**

Vivimos en un mundo que todo el tiempo intenta decirnos quiénes debemos ser. Las redes sociales, la cultura, las expectativas familiares y hasta la religión compiten por definirnos. El problema es que, con tanto ruido, terminamos confundiendo la voz del mundo con la de Dios, o simplemente dejamos de escuchar al cielo por completo.

En la oración, a solas con Él, ese ruido se apaga. No porque los problemas desaparezcan mágicamente, sino porque en su presencia el alma recupera el orden; dejas de reaccionar a lo que te rodea y vuelves a tu centro. El Espíritu mismo da testimonio a nuestro espíritu, de que somos hijos de Dios **(Romanos 8:16)**. Esa certeza no llega por un "like" ni por el aplauso de los demás, sino que solo puede llegar en el secreto.

Esto es urgente hoy. Nunca antes tuvimos una época tanta información (o desinformación) sobre cómo debemos vernos o qué debemos lograr y, curiosamente, nunca hubo tanta confusión de identidad. La identidad no se encuentra en el ruido, sino en el silencio.

- **Te transforma sin que lo notes**

Nadie sale de orar siendo exactamente la misma persona, aunque no sienta nada extraordinario en el momento. La oración trabaja por capas, en lo profundo, en lugares que ni nosotros vemos. Va corrigiendo esa imagen distorsionada que tenemos de nosotros mismos y la alinea con lo que Dios siempre supo que éramos. Es un cambio gradual, como la luz del amanecer: no ves el momento exacto en que llega, pero de repente todo está iluminado.

Esta transformación es una obra profunda del Espíritu Santo en quien decide ser constante. La misma Biblia dice: Estando persuadido de esto, que el que comenzó en vosotros la buena obra, la perfeccionará hasta el día de Jesucristo **(Filipenses 1:6)**. Dios no deja las cosas a medias, pero necesita que te mantengas en el único lugar donde Él puede trabajar: la oración.

Jesús nos salva para devolvernos ese lugar. Esa identidad se afirma y se vive orando. Quien no ora, no se conoce. Y quien no sabe quién es, pasará la vida buscando en los demás lo que solo Dios puede darle.

LA IDENTIDAD

no viene de lo que somos, sino de a quién pertenecemos.

7

LA ORACIÓN NOS AYUDA A DISCERNIR LOS TIEMPOS DE DIOS (KAIROS)

Una de las cosas que más desespera al ser humano es no saber cuándo. Cuándo llegará la respuesta. Cuándo cambiará la situación. Cuándo se cumplirá lo que Dios prometió. Y esa incertidumbre, cuando no se maneja desde la oración, puede convertirse en duda, en amargura o en el error de moverse antes de tiempo.

Pero hay personas en la Biblia que vivieron algo muy distinto. En medio de la espera no estaban ansiosas ni confundidas; estaban tranquilas, expectantes, como quien conoce un secreto que los demás ignoran. Y ese secreto era precisamente ese: conocían el tiempo de Dios.

Uno de ellos era Simeón, el primer hombre del Nuevo Testamento a quien el Espíritu Santo le habla directamente, y lo hace precisamente para hablarle de tiempos. Dios le dijo: ***"Simeón, en tu temporada de vida enviaré a Jesús, el Mesías; no morirás hasta que lo tengas en tus brazos".*** Por eso, el gran secreto de este hombre (a pesar de sus muchos años) era una revelación clara sobre el tiempo de la manifestación de Dios **(Lucas 2:25-26).**

Por otro lado estaba Ana, una mujer anciana, viuda y profetisa **(Lucas 2:36-38)**, que servía constantemente en el templo. A pesar de su edad, siempre buscaba cualquier motivo para no perderse un solo servicio. La razón era la misma: sabía que el tiempo de la manifestación del Mesías estaba cerca. Vivía esperando ese momento.

Simeón y Ana no eran personas extraordinarias según los criterios del mundo. Eran dos ancianos sin recursos visibles, sin plataforma ni influencia humana aparente. Y, sin embargo, ambos cargaban algo que muy pocos tenían: sabían en qué tiempo estaban viviendo. Les había sido revelado el Kairos, el momento oportuno de Dios. Esa revelación los mantenía firmes, expectantes y en paz, mientras los demás seguían esperando sin entender qué estaba por suceder.

Cuando el Espíritu revela el tiempo que estás viviendo, muchas cosas dejan de perturbarte. Conocer lo que el Padre hará en tu temporada trae una paz que no depende de las circunstancias. Y ese secreto, tanto Simeón como Ana, lo habían recibido en un mismo lugar: la oración.

EL CRONOS VS. EL KAIROS DE DIOS

Cuando la espera nos lleva a la desesperación, casi siempre es porque desconocemos los tiempos de Dios. Solo la oración y la intimidad con el Padre revelan el momento oportuno de su manifestación en nuestra vida.

Cada vez que el Señor da una palabra sobre expansión, bendición o el cumplimiento de una promesa, los creyentes suelen recibirla con gozo y con la expectativa de que sucederá de inmediato. El problema no es recibir la palabra, sino no comprender cuándo se cumplirá dentro del tiempo de Dios. Por eso muchos se cansan de esperar y terminan dudando.

Para entender esto, es necesario conocer dos palabras que la Biblia utiliza con un propósito claro:

- **Cronos** es el tiempo tal como lo conocemos: lineal y medible, el que marcan los relojes y los calendarios. Cuenta los días, los meses y los años. Es el tiempo que avanza y se agota. Cuando decimos "ya pasaron cinco años", estamos hablando en cronos. Es el tiempo del hombre.

- **Kairos** es diferente. No se mide; se reconoce. Es el momento oportuno, el instante exacto en que Dios decide intervenir. No llega porque el reloj lo indique, sino porque el cielo lo ha determinado. Es el tiempo de Dios. Y cuando el Kairos llega, no importa cuánto cronos haya pasado: todo encaja de una sola vez.

El problema es que muchas veces queremos encajar el **Kairos** de Dios dentro de nuestro **cronos**, y eso no funciona. Pretendemos que Dios actúe según nuestros calendarios y nuestras urgencias. Cuando no lo hace, concluimos que no está respondiendo. Pero Dios no opera desde el reloj del hombre; Él actúa desde la eternidad.

Es un reto enorme para nuestra mente, tan limitada al reloj y al calendario, intentar entender a un Dios que habita en la eternidad. Nosotros medimos la vida en días y meses, pero Él es el principio y el fin. Por eso, a veces nos desgastamos tratando de ponerle fecha a sus promesas o intentando descifrar sus planes con nuestra lógica. La verdad es que es imposible comprender los tiempos de Dios por cuenta propia; solo podemos vislumbrar su diseño del cielo cuando Él mismo nos lo revela mientras pasamos tiempo escuchando su voz y hablándole en la oración. En la intimidad con Dios, el **cronos** y el **Kairos** se encuentran, y lo que parecía tardanza empieza a tener sentido.

A veces me sorprende cómo podemos saber tantas cosas y, al mismo tiempo, permanecer ciegos ante lo más importante. Jesús lo dejó muy claro en **Lucas 12:54-56** cuando confrontó a la gente de su época. Les decía que eran expertos en predecir el clima: si veían una nube al poniente, sabían que llovería; si soplaba el viento del sur, sabían que haría calor. Eran capaces de examinar el cielo y la tierra, pero eran incapaces de reconocer lo que Dios estaba haciendo justo frente a sus ojos.

En otras palabras, conocían el pronóstico del tiempo, pero no tenían idea del tiempo en que vivían. Ese no era solo un problema de aquella generación; es exactamente lo que vemos hoy.

Vivimos días complicados. Vemos familias fracturadas, jóvenes luchando por saber quiénes son, crisis económicas, guerras y enfermedades que aparecen de la nada. Lo más triste es que, en medio de todo este caos, muchas veces reaccionamos igual que el resto del mundo: con miedo y confusión. Actuamos como si no tuviéramos acceso a la misma fuente de sabiduría que sostuvo a hombres y mujeres como Daniel, Simeón o Ana.

La diferencia entre vivir aterrado por las noticias y caminar con paz no depende de cuánta información tienes, sino de cuánto tiempo pasas con Dios. Es en la oración donde se recibe lo que ningún analista puede ofrecerte: la perspectiva del cielo sobre lo que ocurre en la tierra. Cuando te alineas con el diseño del cielo, dejas de ver crisis y empiezas a ver oportunidades para que la gloria de Dios se manifieste.

CUANDO NOS ADELANTAMOS AL TIEMPO DE DIOS: EL EJEMPLO DE ABRAHAM Y SARA

En la Biblia encontramos personas que, por impaciencia o por no comprender los tiempos de Dios, alteraron el curso de lo que Él había preparado para sus vidas. Un ejemplo claro es el de Abraham y Sara. Aunque creyeron la promesa de un hijo, no pudieron esperar el momento que Dios había dispuesto y, en su desesperación, tomaron un atajo: intentar ayudar a Dios a través de Agar.

Eclesiastés 3:11 nos deja ver que, aunque la eternidad ha sido puesta en el corazón humano, nuestra mente no logra comprender plenamente la obra de Dios desde el principio hasta el final. Esa limitación muchas veces nos lleva a apresurarnos cuando no vemos al Señor actuar según nuestros propios cálculos.

El ser humano vive midiendo horas y días. Usamos agendas, recordatorios y alarmas para organizar la vida, y eso puede dar la impresión de que tenemos el tiempo bajo control. Pero Dios no se mueve según el reloj terrenal. Quien entiende esto aprende a no adelantarse ni quedarse atrás respecto a lo que Él ha preparado.

Las consecuencias de adelantarse no son pequeñas. Ismael nació en un contexto de desesperación humana, y sus efectos se siguen sintiendo hasta hoy, en las guerras del medio oriente.

Cuando actuamos fuera del tiempo de Dios no solo complicamos nuestra historia; a veces también creamos situaciones que terminan afectando a otros. Por eso conocer el Kairos no es un lujo espiritual. Es una necesidad.

CUANDO NOS ATRASAMOS AL TIEMPO DE DIOS

Sansón es el ejemplo más claro de alguien que, teniendo todo para ganar, terminó llegando tarde a su propio destino.

Su vida no fue un accidente; desde antes de nacer, ya existía un diseño del cielo para él. **Jueces 13:5** es específico: su llamado era ser el libertador de Israel frente a los filisteos. Tenía la fuerza, la unción y la capacidad, pero le faltó entender el valor de su encomienda.

En lugar de enfocar ese llamado en el bienestar de su pueblo, Sansón se perdió en sus propios impulsos. Es la historia de un hombre con un poder increíble pero sin un norte claro; alguien que mostraba mucha fuerza, pero reflejaba muy poco de la grandeza de Dios.

Es triste ver cómo el hombre que nació para derribar imperios terminó ciego, encadenado y sirviendo de burla para los mismos enemigos que debía vencer. Fue ahí, en su humillación, donde por fin asimiló para qué estaba en este mundo. Dios, en su misericordia, le permitió cumplir su propósito al final, pero le costó la vida.

Cuando intentamos adelantarnos, terminamos moviéndonos solo con nuestras fuerzas. Es como nadar contra la corriente; aunque tengamos un llamado real, el cielo todavía no ha liberado la provisión que necesitamos aquí en la tierra. Por otro lado, si nos quedamos quietos y dejamos pasar el momento, el resultado es el mismo: cansancio y agotamiento.

Es como si tuviéramos una cita para almorzar a mediodía, pero nos distraemos y llegamos una hora tarde; al final, solo encontramos las sobras de lo que otros, que sí estuvieron atentos, supieron aprovechar. Caminar fuera de tiempo nos hace desgastarnos tratando de recuperar una gracia o un favor que ya pasó.

Lo hermoso es que servimos a un Dios de oportunidades. En su misericordia, Él tiene el poder de devolvernos el tiempo perdido y permitirnos empezar de nuevo, alineándonos otra vez con su diseño del cielo para que no tengamos que vivir mendigando sobras, sino disfrutando de lo que Él preparó para nosotros.

MOMENTOS EN QUE LA ESPERA DEBILITA LA FE

Algo muy parecido le pasó al sacerdote Zacarías. Él y su esposa, Elisabet, pasaron años pidiéndole a Dios un hijo, pero el reloj siguió avanzando y parece que terminaron guardando ese deseo en un cajón. Lo increíble es que, en **Lucas 1:5-20**, el ángel se le aparece para decirle que su oración finalmente había sido escuchada.

Pero fíjate en la reacción de Zacarías, dice que respondió con incredulidad. Miró su cuerpo, miró la edad de su esposa y le pareció que el cielo llegaba tarde. Por dudar de ese diseño del cielo, se quedó mudo un tiempo. Él no alcanzaba a ver que el nacimiento de su hijo, Juan el Bautista, tenía que encajar perfectamente con el de Jesús para prepararle el camino. Dios no se había olvidado de ellos; simplemente estaba esperando el momento exacto donde lo espiritual y lo natural se encontraran.

A veces nos pasa igual. Oramos con toda la fe, pero cuando pasan los meses o los años y no vemos nada, empezamos a pensar que Dios no nos escuchó. Pero el problema no es la oración, sino que nos cuesta entender el Kairos, ese tiempo oportuno del cielo.

Te cuento una experiencia personal. Nuestra congregación estuvo años al lado de una empresa de alcohol que llevaba el nombre de nuestra ciudad. Teníamos una palabra clara: ese lugar sería nuestro templo. Salimos a ungir las paredes, declaramos que ese sitio de vicio se convertiría en casa de Dios y lo creímos de corazón.

Pero pasó un año, luego cinco, y llegamos a los siete años de espera. Te confieso que hubo días donde me sentí olvidada. Llegué a pensar que quizás solo fue una emoción mía, y esa espera me trajo tristeza y hasta algo de amargura. Empezamos a buscar otros terrenos, pero nada se daba. Mientras tanto, el edificio de al lado se caía a pedazos y los dueños se negaban a vender.

Hasta que un día, tras una semana de oración intensa y de caminar rodeando el lugar, las puertas se abrieron de par en par. Los ejecutivos nos llamaron para ofrecernos el sitio, a pesar de que no teníamos el dinero en la mano, sino que solo teníamos la promesa. Si yo hubiera sabido que tardaríamos siete años, habría caminado con más paz, pero la fe se trata de eso: de seguir creyendo aunque no sepas cuánto falta para la meta.

APRENDE A CAMINAR AL RITMO DEL CIELO

Fíjate en Daniel. Él no tenía un superpoder ni era un adivino con un talento especial; lo que Daniel tenía era una vida de oración. Buscaba a Dios tres veces al día, incluso cuando eso significaba arriesgar el cuello. Fue esa constancia, y no su intelecto, lo que le permitió ver lo que ni los reyes ni los sabios más brillantes podían entender. Daniel no solo hablaba con Dios; él conocía sus tiempos.

Tal vez hoy te sientes como Daniel en sus momentos de espera. Quizás llevas años aguardando una respuesta y esa demora ha empezado a generarte angustia. Es natural sentirse así, pero la realidad es que es imposible entender cómo va a actuar Dios si no pasamos tiempo a solas con Él. Es precisamente en la oración donde nuestro reloj humano se detiene para alinearse con el diseño del cielo.

Mira el ejemplo de Marta y María: ellas estaban totalmente enfocadas en los cuatro días que Lázaro llevaba muerto. Su mirada estaba puesta en el pasado y en la pérdida. Jesús, en cambio, estaba sintonizado con el momento exacto de la resurrección. Él no veía un final, veía un cumplimiento.

Por eso, mi invitación hoy es que dejes de caminar guiado solo por tu propio reloj. No te desgastes tratando de descifrar el futuro con lógica humana. Necesitas aprender a discernir lo que el Padre está haciendo hoy mismo en tu vida. Recuerda que quien ora no solo le entrega sus peticiones a

Dios, sino que recibe algo mucho más valioso: la capacidad de caminar al ritmo del cielo.

No estás llegando tarde; estás caminando en el tiempo de Aquel que nunca falla. No permitas que el silencio de Dios te haga creer que Él se ha olvidado de ti.

A veces, la espera no es un castigo, sino una preparación para que, cuando llegue el momento, tengas la madurez necesaria para sostener la bendición. Mantén tu fe encendida, porque aunque tus ojos vean un terreno baldío o un edificio en ruinas, el diseño del cielo ya está trabajando a tu favor. Sigue buscando Su presencia, sigue confiando y, sobre todo, sigue orando; porque cuando menos lo esperes, el reloj de Dios marcará la hora exacta y verás que cada segundo de espera valió la pena.

CUANDO EL ESPÍRITU REVELA

el tiempo que estás viviendo, muchas cosas dejan de perturbarte.

8

LA ORACIÓN

SANA EL ALMA ANGUSTIADA Y TRAE PAZ AL CORAZÓN

Solo al pasar tiempo a solas con el Padre es que el alma herida, enferma y desconsolada puede encontrar verdadera vida y restauración.

Hay procesos que por más que pasen los años todavía duelen porque son heridas que siguen ahí, sin importar cuánto intentes ocuparte en el trabajo o cuántas veces te repitas a ti mismo que eso ya pasó; si el alma no lo ha soltado, simplemente no está sana. El alma no se arregla sola ni funciona como una herida física que cicatriza con el tiempo, sino que necesita algo mucho más profundo que el simple paso de los días: necesita a Dios.

Existen recuerdos que te persiguen y palabras que aún lastiman como si fueran de hoy, pero cada vez que oramos entramos en una dimensión donde todo lo interno comienza a ordenarse. Es en la oración donde, en ese lugar donde se acumulan los traumas y las emociones que arrastramos desde niños, Dios hace lo que los años no pueden.

No es lo mismo repetir una oración por compromiso que decirle a Dios con honestidad que ya no puedes más, porque Él quiere escucharte hablar de verdad, tal como eres y como te sientes. Cuando oras con esa sinceridad, Dios trabaja desde adentro llegando a donde ningún especialista ha logrado entrar, ordenando tu vida desde el espíritu.

LOS ESCOGIDOS DE DIOS TAMBIÉN SE QUIEBRAN

Fíjate en el ejemplo del profeta Elías, un hombre que hizo caer fuego del cielo y que tenía una fe inquebrantable, pero que en un momento de su vida también se quebró.

Nadie creería que alguien con tanta autoridad pudiera cambiar su historia en pocos días, pasando de enfrentar a cientos de falsos profetas a huir despavorido al desierto por la amenaza de una reina **(1 Reyes 19:4)**. Elías estaba roto y no deseaba vivir, pero lo más hermoso es que Dios no lo juzgó ni lo regañó por su debilidad, sino que fue a su encuentro para sanarle el alma con delicadeza.

Dios no le exigió fuerzas que no tenía, sino que lo alimentó, le dio descanso y, cuando estuvo listo, le habló a través de un silbo apacible. Elías ya conocía el poder del fuego y del terremoto, pero lo que su alma necesitaba en ese momento era la calma de un susurro. En esa conversación, Dios permitió que Elías repitiera su historia de dolor una y otra vez hasta que sus argumentos perdieran peso.

Eso es la oración: hablar con el Señor hasta que el dolor ya no duela y solo quede la cicatriz de lo que pasó, pero que ya no afecta el corazón. Mientras más hablas con Él, más espacio le das para restaurar lo dañado, convirtiendo incluso tu queja en una intimidad que te sana. Al final, Elías se sanó de su depresión simplemente hablando con Dios, y eso fue suficiente.

LO QUE DIOS ME MOSTRÓ CON LA PARTIDA DE MI HIJO

Uno de los recuerdos más marcados en mi corazón, doloroso pero lleno de luz, es la vida de mi primer hijo antes de que el Señor decidiera llevarlo a su presencia con apenas cuatro años. Sus últimos meses fueron una mezcla de lucha, quebranto y un amor profundo.

Como madre, me sentía agotada en todos los sentidos; lo que empezó como una simple gripe terminó en una neumonía severa que nos obligó a trasladarlo de emergencia a la capital. Recuerdo el trayecto en la ambulancia como si fuera hoy: el sonido de la sirena, la velocidad, el frío en mis manos y esa sensación asfixiante de que el tiempo se nos escapaba. Pero lo peor no era la distancia, sino la impotencia de no poder hacer nada, mientras sentía que mi alma también se estaba enfermando.

Al llegar al hospital me quedé completamente sola en un pasillo frío. Al borde del desmayo, cerré los ojos y solo pude lanzar un grito desesperado: **"¡Señor, socórreme! Envíame un ángel, porque no puedo sola"**. En medio de esa batalla contra la tristeza, vi a alguien correr hacia mí con los brazos abiertos; me abrazó fuerte y me susurró que no estaba sola, que todo estaría bien. Mientras lloraba en sus brazos sin reconocerlo, escuché una voz familiar que oraba sin cesar por paz y consuelo: era el pastor Víctor Jarvis. Él buscaba a otra persona en ese hospital, pero el Señor lo envió directamente a mí. Él fue el ángel que el diseño del cielo puso en mi camino.

Aquella oración no evitó que mi hijo partiera tiempo después, pero sanó mi alma. Fue el bálsamo que un corazón quebrado necesitaba para lo que vendría. Entendí que habrá ocasiones en las que el Padre no responderá "sí" a nuestro clamor, pero se quedará a nuestro lado en medio de la tribulación para sostenernos.

CUANDO DIOS DICE QUE NO

Dios sana las heridas de aquellos que, tras haber orado con todas sus fuerzas esperando un milagro, se encuentran de frente con Su soberanía. Hay personas que pierden la paz porque esperan que la oración sea un deseo cumplido de inmediato, pero la realidad es que a veces la oración no cambia la situación, sino que te prepara para atravesarla. En ocasiones no tendrás un testimonio de sanidad física, sino el testimonio de un Dios que decidió llevarse a alguien amado y, aun así, tuvo el poder de sostenerte de pie.

En ese silencio donde preguntamos "¿Señor, dónde estás?", Dios responde con soberanía. Es difícil aceptarlo, pero cuando Dios dice que no, también lo hace por amor. Muchos se frustran porque Dios toma una decisión distinta a la que esperaban, pero Él sana a quienes aprenden a confiar en Su voluntad aunque no la entiendan.

No necesitas fingir que eres fuerte todo el tiempo ni aparentar que todo está bien cuando no lo está. Dios sabe que eres frágil y no te juzga por quebrarte; al contrario, es precisamente en esa debilidad donde Su amor se perfecciona y se manifiesta con más fuerza.

LA ORACIÓN ES EL OXÍGENO DEL ALMA HERIDA

La oración no es un requisito para cumplir con Dios, es el medio para transformarte a ti. Es el lugar donde te acercas con confianza al trono de la gracia para encontrar ese socorro que llega justo a tiempo. Ahí es cuando el alma empieza a sanar, porque debemos entender algo fundamental: Dios no sana lo que fingimos, Él sana lo que confesamos y entregamos.

A solas, una conversación contigo mismo sobre el dolor suele convertirse en amargura y soledad. Pero esa misma conversación, cuando se la llevas al Padre, se transforma en oración. Toda palabra que lanzas al cielo es escuchada y, aunque tal vez no cambie tus circunstancias de inmediato, te cambia a ti.

El problema es que muchas veces, en lugar de permanecer en su presencia hasta que pase la tormenta, buscamos distracciones que solo agravan el vacío. Por eso vemos a tantas personas que, aun conociendo al Señor, viven atrapadas en la ansiedad y el miedo al futuro.

Orar no tiene nada que ver con rituales religiosos; es tener una comunicación íntima y total con el Creador sobre cada rincón de nuestra alma. El salmista lo entendía bien cuando pedía en el **Salmo 139:23-24** que Dios examinara sus pensamientos y su corazón. Eso es transparencia pura. Es como abrir esa habitación de tu vida que siempre tienes cerrada con llave, esa donde guardas lo que te avergüenza o te duele. Dios no quiere que le muestres la **"sala de visitas"** de tu vida, la que está limpia y ordenada; Él quiere que le abras la puerta de ese cuarto oscuro.

La oración es un acto de entrega absoluta. Es decirle: ***"Señor, entra y limpia lo que ni yo mismo me atrevo a tocar"***. Ahí está el secreto de la restauración, porque Él solo sana lo que tú le permites ver. Si hoy sientes que el dolor o la angustia te superan, simplemente ora. Si no te salen las palabras, un **"Señor, ayúdame"** es suficiente. Él vendrá, a veces como una paz inexplicable o a través de una persona en el momento justo, porque la oración tiene el poder de sanar lo que el alma ya no puede cargar sola.

Hay una historia en la Biblia que refleja de la manera más honesta lo que significa entregarle el alma a Dios sin filtros: la historia de Ana en **1 Samuel capítulo 1**. Ella cargaba con un dolor que no se podía explicar con palabras. Era estéril en una cultura donde eso definía tu valor como mujer y, por si fuera poco, sufría año tras año las burlas constantes de Penina, quien la provocaba para verla sufrir. La Biblia la describe llorando y sin poder comer; es el retrato exacto de un alma que ha llegado a su límite.

Pero Ana hizo algo que cambió su historia: fue al templo. No buscó quejarse con nadie ni pidió consejo humano; simplemente fue a hablar con Dios. Oramos con ella de una manera tan intensa y visceral que el sacerdote Elí pensó que estaba borracha, porque sus labios se movían pero no salía sonido. Era una oración que nacía de un lugar tan profundo que las palabras no alcanzaban para darle voz.

Lo más poderoso de este relato es que, tras esa oración, Ana se fue, comió y su rostro ya no era el mismo. Fíjate que el hijo todavía no había llegado, su situación física no había cambiado y Penina seguía ahí con sus burlas, pero algo dentro de Ana se había transformado. La oración sanadora del alma funciona así: no siempre cambia lo que está afuera de inmediato, pero siempre cambia lo que está adentro primero.

ENTREGA TUS CARGAS EN ORACIÓN

Mientras lees estas páginas, no sé cuál es la carga que llevas. Tal vez es un dolor antiguo que aprendiste a cargar en silencio, o algo tan reciente que todavía quema al nombrarlo. Quizás es una traición, una enfermedad, una espera que se siente eterna o simplemente ese cansancio acumulado de seguir de pie cuando por dentro ya no puedes más.

Pero puedo decirte con toda certeza, no por teoría sino porque lo he vivido, que Dios no se asusta de tu dolor. Él no se incomoda con tus lágrimas ni te pide que llegues con una apariencia presentable o con las palabras correctas; Él solo te pide que llegues. Así como Ana llegó sin voz, como Elías llegó agotado y sin ganas de seguir, o como yo llegué a aquel pasillo de hospital sintiéndome morir, todos llegamos rotos y encontramos a un Dios que no nos recibió con juicio, sino con su presencia.

La oración no es el último recurso para cuando todo lo demás falla, es el primero. Es el único lugar donde el alma encuentra esa paz que sobrepasa todo entendimiento y que ninguna distracción o tratamiento humano puede ofrecer. Si hoy no sabes ni cómo empezar, solo di: "Señor, aquí estoy. No tengo palabras, solo sé que necesito que estés conmigo". Eso es suficiente; siempre ha sido suficiente.

“

LA ORACIÓN

no siempre cambia lo que estás viviendo, pero siempre cambia lo que está muriendo dentro de ti; y cuando el alma sana, la paz de Dios se convierte en tu nueva realidad.”

9

LA ORACIÓN

NOS DA ACCESO Y REVELACIÓN DE LO QUE SUCEDE EN EL MUNDO ESPIRITUAL

Una de las necesidades más urgentes que tiene la iglesia en este tiempo es mostrar en la esfera física y natural las cosas que el Señor nos está mostrando de lo que acontece en lo espiritual, para así adelantarnos, tomar control, gobernar y evidenciar al mundo que tenemos información que no procede de la ciencia ni del conocimiento humano, sino de la revelación por el Espíritu Santo.

La revelación no es un extra espiritual para los más avanzados en la fe. Es una necesidad básica para todo creyente que quiera caminar en el propósito de Dios. Sin revelación, el pueblo perece. **Proverbios 29:18** lo dice así: ***"Sin profecía el pueblo se desenfrena."*** En otras palabras, cuando no hay revelación, no hay dirección. Y cuando no hay dirección, cada uno hace lo que le parece.

1 Corintios 2:10 añade algo que no debemos pasar por alto: ***"Pero Dios nos las reveló a nosotros por el Espíritu; porque el Espíritu todo lo escudriña, aun lo profundo de Dios."*** El Espíritu Santo no solo consuela y guía, también revela. Abre dimensiones que la mente natural no puede alcanzar. Y esa es precisamente la fuente de información a la que todo creyente tiene acceso cuando ora.

Lamentablemente, la iglesia de hoy ha ido perdiendo esa dimensión. No porque Dios haya dejado de hablar, sino porque cada vez hay menos personas dispuestas a quedarse en el lugar donde Él habla. Vivimos en una era de actividad religiosa intensa pero de revelación escasa. Hay mucho movimiento, muchos eventos, muchas plataformas. Pero poca quietud. Poco secreto. Poca oración real. Y el resultado es una iglesia que reacciona a lo que ve en lugar de anticipar lo que Dios ya le mostró.

Amós 3:7 lo dice claro: el Señor no hace nada sin antes revelarlo a sus siervos los profetas. En otras palabras, Dios tiene un hábito: hablar primero. Informar antes de actuar. El problema no es que Dios no hable, es que muy pocos están en el lugar donde se puede escuchar.

Una iglesia con revelación hablará lo que aún no ha acontecido. Sabrá de una enfermedad antes del diagnóstico médico. Sabrá cuándo comprar o vender porque tendrá la voz del cielo dirigiendo a un ser humano en la tierra. ¿Se imagina usted a empresarios, políticos y autoridades buscando oración, sabiendo que lo único seguro es el cristiano que cuando dice **"así dice el Señor"**, sucede?

Esto me lleva a recordar al profeta Eliseo, frente al rey de Siria, confundido porque sus estrategias de guerra eran delatadas. El rey pensaba que tenía un infiltrado entre su gente, alguien que filtraba sus planes secretos al enemigo. Estaba desconcertado, incluso enojado. Pero uno de sus siervos le dijo algo que lo dejó sin palabras: ***"No hay tal infiltrado, señor mío. Lo que sucede es que hay un profeta en Israel que le revela al rey de Israel hasta lo que tú hablas en tu cámara secreta." (2 Reyes 6:12)***

Piénsalo un momento. El corazón del rey de Siria estaba turbado, desconcertado y confundido. ¿Quién podía entender que un Dios, cualquiera que fuera su nombre, pudiera estar en lo secreto de su habitación y llevarle esa información a un profeta en otro lugar?

Pero eso era exactamente lo que pasaba. Eliseo no tenía espías, no tenía tecnología, no tenía contactos en el palacio. Tenía oración. Tenía intimidad con Dios. Y esa intimidad le daba acceso a información que ningún ser humano podía tener por sus propias fuerzas.

Y no solo eso. Cuando el rey de Siria descubrió dónde estaba Eliseo y mandó un ejército a rodearlo, el siervo del profeta salió temprano en la mañana, vio los caballos y carros de guerra rodeando la ciudad, y entró desesperado a decirle a Eliseo: ***"Ay, señor mío, ¿qué haremos?"*** Y Eliseo, con una calma que solo se explica desde la intimidad con Dios, le respondió: ***"No tengas miedo, porque más son los que están con nosotros que los que están con ellos." 2 Reyes 6:16.***

El siervo no veía nada. Solo veía el ejército enemigo. Pero Eliseo vivía en otra dimensión. Oraba, y sus ojos espirituales estaban abiertos a una realidad que los ojos naturales no podían ver. Entonces Eliseo oró: ***"Señor, te ruego que abras sus ojos para que vea."*** Y el Señor abrió los ojos del siervo, y vio que el monte estaba lleno de caballos y carros de fuego alrededor de Eliseo.

Esa es la diferencia entre alguien que ora y alguien que no. No es que el que ora viva en un mundo diferente, es que ve el mismo mundo con ojos distintos. Ve lo que está detrás de lo que está. Y eso cambia completamente cómo enfrenta lo que viene.

Eliseo vio exactamente lo mismo que su siervo: el mismo ejército, la misma ciudad rodeada y la misma amenaza. Sin embargo, su reacción fue otra. No es que fuera un hombre más valiente por naturaleza, es que tenía acceso a una realidad distinta. Años de vida en oración le habían abierto los ojos a una dimensión que su siervo simplemente no podía percibir.

Lo más interesante es que Eliseo no se puso a darle un sermón sobre la fe ni le pidió que se calmara. Lo que hizo fue orar para que sus ojos fueran abiertos. Y cuando el Señor lo hizo, el siervo vio lo que Eliseo ya sabía que estaba ahí: el monte lleno de caballos y carros de fuego. La situación externa no había cambiado; el enemigo seguía en el mismo lugar, pero ahora el siervo entendía lo que realmente estaba pasando en el mundo espiritual. Eso lo cambió todo.

Eso es exactamente lo que la oración hace por ti hoy.

No sé qué ejército te tiene rodeado mientras lees esto. Puede ser un problema familiar que parece no tener salida, una enfermedad que confunde a los médicos o una crisis económica que no logras detener. Quizás es solo esa sensación constante de que algo anda mal y no sabes cómo explicarlo. Pero te aseguro algo: lo que tus ojos ven ahora mismo no es la historia completa. Hay una dimensión que no se ve desde afuera, sino desde adentro, en el lugar de la oración. En ese lugar, Dios ya tiene un ejército desplegado que tú todavía no has notado.

El enemigo cuenta con que no ores. Él espera que te quedes paralizado mirando el problema y que entres en pánico. Quiere que tomes decisiones basadas en el miedo y en la información limitada que el mundo te da. Él sabe perfectamente que, en el momento en que te arrodilles y ores de verdad, tus ojos se van a abrir, y cuando eso pase, él pierde su ventaja sobre ti.

Ora hoy. No lo hagas solo para que cambie lo que ves, sino para que logres ver lo que Dios ya preparó. Los que están con nosotros son más que los que están en contra. Solo necesitas orar para darte cuenta.

LO QUE NO VEMOS, PERO DIOS SÍ VE

La oración que nos trae revelación del mundo espiritual también nos da discernimiento para conocer intenciones ocultas de personas con quienes nos rodeamos y que fingen amistad.

Recuerdo el caso de una mujer de Dios, a quien llamaré Juanita, que era odiada por una compañera de trabajo. Esta compañera quería que Juanita fuera despedida de forma deshonrosa. Así que fue a buscarla con una historia muy triste, contándole algo supuestamente muy malo que le había sucedido con su jefa, quien la habría ultrajado de forma abusiva. Pero en realidad, la idea era grabarla de forma oculta mientras respondía a lo que de forma muy emotiva le contaba.

Juanita cuenta cómo el Señor la mantenía callada. Aunque entendía lo injusto de la situación que le describía su compañera, no podía decir nada más que: "Amada, hay que orar." Luego de un rato sin obtener otra respuesta, la compañera secó sus lágrimas y se fue, sin saber que Juanita había sido librada de una trampa.

Pasado un tiempo, fue la misma jefa quien fue a contarle lo sucedido. La joven había confesado a alguien más que Juanita era una mujer de Dios, porque había intentado hacerla caer pero reconoció que su Dios la había guardado.

¿Te das cuenta? Si Juanita hubiera pasado menos tiempo con el Señor, habría respondido desde sus emociones, desde su criterio natural, desde lo que cualquier persona respondería. Pero la intimidad con Dios la mantuvo callada en el momento exacto en que el silencio era su protección.

Así funciona la revelación espiritual en lo cotidiano. No siempre es una visión dramática ni una voz audible. A veces es simplemente no poder decir algo que en cualquier otra circunstancia habrías dicho. A veces es una incomodidad inexplicable. A veces es una paz que te detiene cuando todo lo demás te empuja a avanzar.

LA REVELACIÓN DE LA DIMENSIÓN ESPIRITUAL NOS DA PAZ Y SEGURIDAD EN LAS TORMENTAS

El apóstol Pablo estaba en medio de una tempestad violenta en alta mar, azotado por un huracán llamado Euroclidón. Tras tres días y noches de oscuridad, todos a bordo habían perdido la esperanza de salir con vida: los marineros, el capitán y los pasajeros. Todos, menos Pablo.

Él no se guiaba por los reportes del clima, ni por la experiencia técnica del capitán, ni mucho menos por los gritos de angustia de quienes ya sentían la muerte cerca. Pablo tenía otra fuente de información. En medio del caos, se levantó con seguridad y declaró que un ángel del Dios a quien pertenecía y servía se le había aparecido esa noche para decirle exactamente lo que iba a suceder **(Hechos**

27:23-24). Y así fue: a pesar del naufragio, todos llegaron a tierra sanos y salvos.

Mientras los demás estaban paralizados por el miedo y la desesperación, Pablo actuaba bajo revelación. No era un hombre más valiente que los demás, sino que había cultivado una intimidad con Dios que le daba acceso a una verdad que nadie más en esa embarcación podía ver. Ese mismo recurso está disponible para ti hoy. La tormenta puede ser la misma para todos, pero lo que sabes en tu interior cambia por completo la forma en que la atraviesas.

EL PELIGRO DE UNA IGLESIA SIN REVELACIÓN

Sé que muchos atraviesan situaciones críticas en su salud, sus finanzas o sus familias, pero si tan solo supiéramos cuál será el resultado final, dejaríamos de movernos por el enojo, la amargura o la frustración. El problema es que solo tendremos esa firmeza cuando hayamos oído la voz de Dios en la intimidad de la oración. El **Salmo 25:14** nos recuerda que el Señor busca esa cercanía para dar a conocer sus planes a quienes caminan con Él.

Jesús mismo les dijo a sus discípulos que ya no los llamaría siervos, sino amigos, porque el amigo conoce lo que su señor hace **(Juan 15:15)**. La revelación no es un privilegio exclusivo para unos pocos; es la consecuencia natural de la amistad con Dios, y esa amistad se construye orando. Quien no dedica tiempo a solas con el Padre vivirá siempre en la superficie y será sorprendido por problemas que nunca discernió.

Eso es precisamente lo que vemos hoy: una iglesia con muchos programas y actividades, pero que vive asustada por las crisis. Una iglesia que reacciona en lugar de anticipar. Conocemos al Dios que abre mares, pero hemos descuidado el lugar donde Él nos da las instrucciones sobre cuándo y cómo cruzar. Sin oración, el enemigo gana batallas que ya estaban ganadas en la cruz; sin ella, operamos con un desgaste emocional que nos hace sentir víctimas en lugar de victoriosos.

Pero el que ora, ve. El que ora, sabe. El que ora, no es sorprendido por la oscuridad, porque vive en comunión con Aquel que conoce el final desde el principio y tiene por costumbre compartir sus secretos con sus amigos.

TRES FORMAS DE RECIBIR REVELACIÓN AL ORAR

No todas las oraciones nacen del mismo lugar ni producen el mismo efecto. Hay momentos en los que necesitamos ir más allá de nuestra lógica para entender lo que Dios está haciendo. La Biblia nos muestra tres caminos claros para lograr esa conexión:

1. Orar desde el Espíritu

Romanos 8:26-27 menciona algo que debería quitarnos un peso de encima: a veces no sabemos ni qué pedir, pero el Espíritu nos ayuda en esa debilidad. Esto significa que hay necesidades en tu vida que tu mente todavía no identifica, y revelaciones que no puedes formular porque superan tu capacidad natural.

Cuando permites que el Espíritu tome el control, dejas de orar desde lo que tú entiendes y empiezas a orar desde lo que Dios ya sabe. En ese punto, la revelación fluye porque ya no es solo tu voz; es el Espíritu, que conoce hasta lo más profundo de Dios, intercediendo a través de ti.

2. Unir la Palabra con la oración

Muchos leen la Biblia y muchos oran, pero pocos hacen las dos cosas al mismo tiempo. En el **Salmo 119:18**, el autor no solo leía la ley, sino que pedía: **"Abre mis ojos".** Oraba mientras leía. La clave está en la meditación, en eso que **Josué 1:8** describe como **"masticar"** la Palabra día y noche.

Cuando combinas la lectura con la oración, ocurre algo extraordinario: la Biblia deja de ser solo información y se convierte en una conversación. La Palabra sin oración puede quedarse en simple conocimiento, y la oración sin la Palabra puede volverse pura emoción. Pero cuando las unes, se activan las respuestas que estabas buscando.

3. El ayuno como preparación

Daniel es el mejor ejemplo de alguien que vivía en revelación constante, y casi siempre lo vemos ayunando y orando **(Daniel 9 y 10)**. Cuando un ángel se le apareció, le dijo algo clave: ***"Desde el primer día que dispusiste tu corazón a entender y a humillarte, fueron oídas tus palabras".***

Esto nos enseña que el retraso en la respuesta no era culpa de Dios, sino de una batalla espiritual que Daniel estaba ganando de rodillas. El ayuno no sirve para convencer a Dios de que haga algo que no quiere; sirve para prepararte a ti para recibir lo que Él ya te quiere dar. El ayuno silencia el ruido de tus propios deseos para que puedas escuchar con claridad lo que el cielo está diciendo.

Estos no son métodos mágicos ni rituales religiosos; son decisiones. Es la determinación de dejar de vivir en lo superficial para entrar en lo espiritual. La revelación no es para los más talentosos, sino para los que se quedan cuando otros se van, para los que insisten aunque no vean nada y para quienes, como Daniel, deciden entender desde el primer día. Cuando te dispones de esa manera, el cielo responde. Siempre lo ha hecho.

EL PROBLEMA

no es que Dios no hable, es que muy pocos están en el lugar donde se puede escuchar.

10

¿Y QUÉ HAGO CON LA ORACIÓN? ¡ORA!

A lo largo de estas páginas hemos hablado de qué es la oración, por qué importa y cómo sana, revela, identifica y posiciona al creyente en los propósitos de Dios. Hemos explorado el poder que se recibe en el lugar secreto, la identidad que se descubre en Su presencia, el discernimiento que se afina al escucharle, la paz que guarece el alma rota y la revelación que se abre cuando nos acercamos al mundo espiritual con reverencia y fe.

Pero todo ese conocimiento tiene un destino, no fue dado para quedarse en las páginas de un libro ni en los apuntes de un cuaderno. Lo que el cielo deposita en el lugar de oración, la tierra lo necesita. El que ora no es alguien que recibe solo para sí mismo; es alguien que entra al cuarto secreto para salir transformado al mundo.

Cuando se trata de la oración, tendemos a hablar más sobre ella que a actuar en ella. A muchos les gusta parecer espirituales y sacrificados por causa de la oración, pero solo donde los demás pueden elogiarlos en público; en lo privado, no dedican tiempo para estar con el Señor. Por eso nos preguntamos: ¿qué más nos queda? La respuesta es incómoda: orar.

No hay sustituto ni atajo. No existe conferencia, libro, pódcast ni sermón que reemplace el tiempo real, honesto y constante delante del Padre. Todo lo que has leído aquí es una invitación a orar de verdad, a buscar al Padre en la intimidad. La única forma de practicar lo aprendido es orando. Al soltar este libro, habla con el Padre sobre lo que acabas de leer y ya estarás practicando la oración.

Piénsalo así: un músico puede leer todos los libros de teoría musical del mundo, pero si no se sienta frente al instrumento, nunca sabrá tocar. La oración se aprende orando. Se profundiza orando. Se sostiene orando.

Y así como el músico no espera a sentirse inspirado para practicar, el que ora no espera a tener "ganas" para orar. La disciplina antecede al gozo. Primero te sientas, luego viene la presencia. Primero abres la boca, luego fluye la palabra. Muchos esperan sentir algo especial antes de comenzar, y esa espera se convierte en la razón por la que nunca empiezan.

Aquí te dejo tres sugerencias sencillas que han bendecido y fortalecido mi vida de intimidad con Dios:

1. Cambia el protocolo por conversaciones reales

No se trata de recitar oraciones rutinarias y repetitivas. Pregúntale a Dios por qué te creó y cuáles son Sus planes para ti. Dedica tiempo a escucharle a través de Su Palabra, permitiendo que sea Él quien te hable y te sane.

Como dice **Jeremías 29:11**: ***«Porque yo sé los planes que tengo para vosotros —declara el Señor— planes de bienestar y no de calamidad, para daros un futuro y una esperanza».***

Muchos creyentes mantienen una vida de oración como si Dios fuera un padrino mágico: presentan una lista de peticiones, dicen "amén" y se marchan. Pero la oración no es un buzón de sugerencias o peticiones, es una relación; y las relaciones se construyen con honestidad, no con discursos preparados.

Atrévete a llegar ante Dios sin guion. Cuéntale lo que te duele, lo que te confunde y lo que te alegra. El silencio en la oración no es un error; a veces es la respuesta más profunda que recibirás. Recuerdo una temporada donde mis oraciones eran tan ensayadas que yo misma me aburría de escucharlas. Hasta que un día, agotada, simplemente dije: **"No sé qué más decirte. Aquí estoy".** Fue en esa honestidad total donde sentí Su presencia de una manera inédita. Dios no busca elocuencia, busca autenticidad.

2. Entiende que la transformación es un proceso, no un evento

Los cambios no ocurren en un día, sino de manera constante mientras caminas con el Espíritu Santo. **1 Corintios 2:11** nos recuerda que nadie conoce las cosas de Dios, sino el Espíritu de Dios. Cuanto más tiempo pases con Él, más comprenderás Su corazón.

Vivimos en una cultura que idolatra la inmediatez, todo tiene que ser rápido, todo para de una vez, pero el Reino de Dios opera diferente, como la semilla: crece en silencio hasta que aparece el fruto. No te desesperes si no ves un cambio de inmediato. La fidelidad en lo pequeño produce la transformación en lo grande.

Habrá días **"secos"** donde al orar no sientas nada. Esos días no indican que algo esté mal, sino que Dios está trabajando. La fe que solo funciona cuando **"se siente"** es solo emoción, pero la oración que persiste en el desierto es la que echa raíces profundas.

3. Medita en Él para sanar tu identidad

La mente es el campo de batalla donde se libran las luchas espirituales. Si algo va a cambiar en tu vida, primero debe suceder en tu pensamiento. Como dice Filipenses 4:8, debemos enfocar nuestra mente en todo lo que es verdadero, justo, puro y amable.

La meditación bíblica no consiste en vaciar la mente, sino en llenarla con la verdad de Dios hasta que esta desplace las mentiras que te han gobernado por años. Mentiras sobre quién eres o si tu historia tiene valor. Estas no se van con autoayuda, sino con la renovación del entendimiento **(Romanos 12:2).**

QUE TU "AMÉN" SE CONVIERTA EN ACCIÓN

Meditar no es simplemente un ejercicio de la mente, es un proceso de digestión espiritual donde el cielo toca tu realidad. Es dejar que esa palabra que Dios te dio repose en tu interior, es **"masticarla"** hasta que su esencia penetre en tu voluntad, es sentirla quemando lo que no pertenece a Su Reino y permitir que te confronte en lo más íntimo.

Es un diálogo profundo con lo Eterno donde el tiempo deja de importar. En esa confianza, conversa con Él como con tu mejor amigo; incluso los detalles que parecen insignificantes (tus miedos pequeños, las alegrías de tu día o esas dudas que nadie más conoce) deben ser llevados al altar. Nada es demasiado pequeño para Aquel que conoce cada latido de tu corazón.

Sin embargo, debemos entender que la oración no termina cuando decimos **"amén"**. Al contrario, es ahí donde realmente comienza su propósito en la tierra. Todo lo que el Espíritu deposita en ti por la puerta de la oración, debe manifestarse por la puerta de tu vida diaria.

El poder que te sostuvo de rodillas, la identidad que recuperaste en Su presencia, el discernimiento que recibiste en el silencio y esa paz sobrenatural que te abrazó en la prueba, tienen que traducirse ahora en amor práctico y en un servicio que impacte a otros. La unción que no se comparte se estanca, y la revelación que no se vive se vuelve solo teoría.

La oración no te hace alguien pasivo ni te saca del mundo; te vuelve una amenaza para el reino de las tinieblas y un instrumento útil en las manos de Dios. Te convierte en una interrupción divina contra los planes del enemigo en tu casa y en tu ciudad. El mundo ya no necesita más expertos que den conferencias sobre la oración; lo que la creación gime por ver son hombres y mujeres que oren, gente transformada por el fuego del lugar secreto que lleve en su mirada una luz que el mundo no puede explicar, pero que se siente obligada a experimentar.

Tú puedes ser ese instrumento. No necesitas más instrucciones ni más métodos, solo necesitas encontrarte con tu Padre. Así que, cierra este libro por un momento. Detén la lectura. Busca ese lugar donde nadie te interrumpa y simplemente derrama tu corazón delante de Él.

Eso es todo lo que hace falta. Eso es suficiente para que el cielo se mueva. Eso, en su bendita sencillez, lo cambia absolutamente todo.

Ahora, ora.

LA ORACIÓN

no es teoría para admirar, es práctica para vivir; por eso, ahora CIERRA ESTE LIBRO, abre tu corazón y ora, porque todo lo que no llevas al lugar secreto nunca verá fruto en lo público, y todo lo que Dios quiere hacer contigo comienza en ese momento a solas con Él.

30 VERSÍCULOS SOBRE LA ORACIÓN

La naturaleza de la oración

- Clama a mí, y yo te responderé, y te enseñaré cosas grandes y ocultas que tú no conoces. **(Jeremías 33:3)**
- La oración eficaz del justo puede mucho. **(Santiago 5:16)**
- Por nada estéis afanosos, sino sean conocidas vuestras peticiones delante de Dios en toda oración y ruego, con acción de gracias. **(Filipenses 4:6)**
- Y la paz de Dios, que sobrepasa todo entendimiento, guardará vuestros corazones y vuestros pensamientos en Cristo Jesús. **(Filipenses 4:7)**
- Así que, ofrezcamos siempre a Dios, por medio de él, sacrificio de alabanza, es decir, fruto de labios que confiesan su nombre. **(Hebreos 13:15)**

La intimidad con Dios en oración

- Mas tú, cuando ores, entra en tu aposento, y cerrada la puerta, ora a tu Padre que está en secreto; y tu Padre que ve en lo secreto te recompensará en público. **(Mateo 6:6)**
- Oh Jehová, de mañana oirás mi voz; de mañana me presentaré delante de ti, y esperaré. **(Salmos 5:3)**
- Esperad en él en todo tiempo, oh pueblos; derramad delante de él vuestro corazón; Dios es nuestro refugio. **(Salmos 62:8)**

- Buscad a Jehová mientras puede ser hallado, llamadle en tanto que está cercano. **(Isaías 55:6)**

- Entonces me invocaréis, y vendréis y oraréis a mí, y yo os oiré. **(Jeremías 29:12)**

El poder de Dios manifestado a través de la oración

- Y todo lo que pidiereis en oración, creyendo, lo recibiréis. **(Mateo 21:22)**

- Y esta es la confianza que tenemos en él, que si pedimos alguna cosa conforme a su voluntad, él nos oye. **(1 Juan 5:14)**

- Pedid, y se os dará; buscad, y hallaréis; llamad, y se os abrirá. **(Mateo 7:7)**

- Cuando hubieron orado, el lugar en que estaban congregados tembló; y todos fueron llenos del Espíritu Santo, y hablaban con denuedo la palabra de Dios. **(Hechos 4:31)**

- Elías era hombre sujeto a pasiones semejantes a las nuestras, y oró fervientemente para que no lloviese, y no llovió sobre la tierra por tres años y seis meses. **(Santiago 5:17)**

Identidad y propósito revelados en oración

- Para que el Dios de nuestro Señor Jesucristo, el Padre de gloria, os dé espíritu de sabiduría y de revelación en el conocimiento de él. **(Efesios 1:17)**

- Para que os dé, conforme a las riquezas de su gloria, el ser fortalecidos con poder en el hombre interior por su Espíritu. **(Efesios 3:16)**

- Si permanecéis en mí, y mis palabras permanecen en vosotros, pedid todo lo que queréis, y os será hecho. **(Juan 15:7)**

- Jehová cumplirá su propósito en mí; tu misericordia, oh Jehová, es para siempre; no desampares la obra de tus manos. **(Salmos 138:8)**

- **Discernimiento y dirección a través de la oración**

- No cesamos de orar por vosotros, y de pedir que seáis llenos del conocimiento de su voluntad en toda sabiduría e inteligencia espiritual. **(Colosenses 1:9)**

- Y si alguno de vosotros tiene falta de sabiduría, pídala a Dios, el cual da a todos abundantemente y sin reproche, y le será dada. **(Santiago 1:5)**

- "Lámpara es a mis pies tu palabra, y lumbrera a mi camino." **(Salmos 119:105)**

- Encamíname en tu verdad, y enséñame, porque tú eres el Dios de mi salvación; en ti he esperado todo el día. **(Salmos 25:5)**

Sanidad del alma y paz mediante la oración

- ¿Está alguno entre vosotros afligido? Haga oración. ¿Está alguno alegre? Cante alabanzas. (Santiago 5:13)
- E invócame en el día de la angustia; te libraré, y tú me honrarás. (Salmos 50:15)
- Tú guardarás en completa paz a aquel cuyo pensamiento en ti persevera; porque en ti ha confiado. (Isaías 26:3)
- Venid a mí todos los que estáis trabajados y cargados, y yo os haré descansar. (Mateo 11:28)

Revelación espiritual a través de la oración

- Orando en todo tiempo con toda oración y súplica en el Espíritu, y velando en ello con toda perseverancia y súplica por todos los santos. (Efesios 6:18)
- Porque no nos ha dado Dios espíritu de cobardía, sino de poder, de amor y de dominio propio. (2 Timoteo 1:7)
- Antes bien, como está escrito: Cosas que ojo no vio, ni oído oyó, ni han subido en corazón de hombre, son las que Dios ha preparado para los que le aman. (1 Corintios 2:9)

Persevera en la oración

- Perseverad en la oración, velando en ella con acción de gracias. (Colosenses 4:2)
- Orad sin cesar. (1 Tesalonicenses 5:17)

Made in United States
North Haven, CT
10 November 2026

22091527R00078